Mente
Criminal

I0148795

DENNIS RADER

BTK: ATAR, TORTURAR, MATAR

AMERICAN
BOOK GROUP

INNOVANT PUBLISHING
SC Trade Center: Av. de Les Corts Catalanes 5-7
08174, Sant Cugat del Vallès, Barcelona, España
© 2026, Innovant Publishing SLU
© 2026, TRIALTEA USA, L.C. d.b.a. AMERICAN BOOK GROUP

Director general: Xavier Ferreres
Director editorial: Pablo Montañez
Director de producción: Xavier Clos

Colaboran en la realización de esta obra colectiva:
Directora de márqueting: Núria Franquesa
Project Manager: Anne de Premonville
Office Assistant: Marina Bernshteyn
Director de arte: Oriol Figueras
Diseño y maquetación: Roger Prior
Edición gráfica: Emma Lladó
Coordinación y edición: Adriana Narváez
Seguimiento de autor: Eduardo Blanco
Redacción: Mercedes Carreira
Corrección: Olga Gallego García
Créditos fotográficos: 21, ©Woodrow Wilson High School,
Associated Students Permission; 30-31, ©FBI Archive; 40-41,
©Bettmann/Getty Images; 56-57, ©Bettmann/Getty Images;
84-85, ©AP Photo/George Frey; 95, ©Bettmann/Getty Images; 97,
©Bettmann/Getty Images; 104, ©Album/Florida Correctional; 109,
©FBI Archive; 131, ©Bettmann/Getty Images. Shutterstock.

ISBN: 9781681658919
Library of Congress: 2021946739

Impreso en Estados Unidos de América
Printed in the United States

Nota de los editores:
Queda rigurosamente prohibida, sin autorización escrita de
los titulares del copyright, bajo las sanciones establecidas
por las leyes, la reproducción total o parcial de esta obra por
cualquier medio o procedimiento, comprendidos la reprografía, el
tratamiento informático así como la distribución de ejemplares de
la misma mediante alquiler o préstamo públicos. Algunos títulos
de la colección podrían ser modificados si circunstancias técnicas
así lo exigieran.

La editorial no se responsabiliza por los sitios Web (o su
contenido) que no son propiedad de la misma.

Índice

Capítulo 1

BIND, TORTURE, KILL («ATAR, TORTURAR, MATAR»)

La familia Otero se había mudado a la casa del 803 N de la calle Edgemoor en Wichita, la ciudad más grande de Kansas y centro de fabricación de aviones, en octubre de 1973. Querían iniciar una nueva etapa impulsados por dos objetivos: una vida tranquila y un futuro próspero en la industria aeronáutica.

A comienzos de los setenta, Wichita estaba poblada por unos 260.000 habitantes. Décadas antes, las fábricas de aviones que se habían instalado comenzaron a contratar a jóvenes granjeros del lugar porque estos habían crecido arreglando motores de tractores y carburadores. Los granjeros llevaron sus costumbres a la ciudad: apreciaban vivir confiando en sus vecinos, dejaban las llaves en sus coches y no cerraban las puertas por la noche.

Fue esa vida pacífica la que llevó a esta familia hispana a comprar una casa en aquella comunidad. Joseph era un hombre extrovertido y jovial de 38 años, y Julie, de 34, una mujer católica muy cariñosa. La familia se completaba con cinco hijos: Charlie, de 15; Danny, de 14; Carmen, de 13; Josie, de 11, y Joseph (Junior), de 9 años. Los Otero habían vivido en Nueva Jersey, luego siete años en Panamá y unos meses en su Puerto Rico natal. Tras 20 años en la Fuerza Aérea de EE. UU., ahora Joseph se había retirado como sargento técnico, trabajaba en aviones y enseñaba a volar en el aeródromo de Cook Field, a pocas millas de Wichita.

Dos meses y medio más tarde, el 15 de enero de 1974, muchos ciudadanos americanos se preocuparon mientras otros se pusieron furiosos al conocer la grabación de una de las conversaciones privadas del presidente Nixon por televisión. Se refería a un robo que luego se transformaría en el famoso «caso Watergate», por el que renunciaría a la Presidencia.

Pero aquella fría mañana en Kansas, a unos 2.000 km de Washington, Joseph y Julie, junto a sus hijos menores, Josie y Junior, permanecían ajenos a todo mientras desayunaban tranquilamente. Sus hijos mayores no estaban en ese momento.

Joseph se había accidentado y tenía parte de enfermo, mientras que los niños no habían ido a la escuela. De pronto, alguien tocó a la puerta trasera de la casa. No imaginaron que al abrirla se desataría el horror.

Un hombre armado les apuntó con su pistola, diciéndoles que era un fugitivo hambriento que solo quería comer algo y huir con su automóvil. Ya adentro, el intruso tomó el control de la situación y dominó a los cuatro con su arma. Primero les ordenó sacar al perro al patio porque hacía mucho escándalo. Luego les ató de pies y manos y ordenó que se acostaran en la sala de estar, pero cambió de opinión y les llevó a un dormitorio.

De la preocupación y la angustia ante un robo a mano armada, los Otero pasaron al espanto cuando el asaltante sacó sogas con nudos y bolsas de plástico de un bolso, y comenzó a hostigarles. Los primeros tormentos fueron psicológicos: les hizo creer a Joseph y a Julie que estaba violando a Josie. Pero todo se volvió aterrador cuando colocó una bolsa de plástico en la cabeza de Joseph y la ató para asfixiarle. El hombre luchó con todas sus fuerzas —era experto boxeador y ex militar—, y logró romperla con los dientes, pero fue en vano. Enseguida sintió que le colocaban camisetas alrededor de la cara y encima, otras dos bolsas más que fueron sujetadas a su cuello con cuerdas hasta que perdió el conocimiento.

Después siguió con la madre, a quien cubrió la cabeza con una bolsa de plástico para asfixiarla, mientras se masturbaba ante la mirada impotente y horrorizada de los niños. Creyendo que Julie estaba muerta, miró a Josie que lloraba y gritaba «¡Mamá!» con desesperación, y como eso le ponía muy nervioso, decidió que la pequeña iba a ser la próxima. Le preguntó si tenían una cámara fotográfica pensando en inmortalizar el momento y ante la respuesta negativa, la estranguló.

En ese instante se dio cuenta de que Julie todavía estaba viva y que solo se había desmayado. Volvió a estrangularla y esta vez, ese segundo intento funcionó. Probablemente en ese momento se dio cuenta de que torturar, estrangular y dejar a sus víctimas inconscientes para luego volverlas a asfixiar, era mucho más agónico, cruel y estimulante que si acababa con ellas enseguida. Fue allí, en esa habitación, donde nació BTK: *Bind, Torture, Kill* («Atar, Torturar, Matar»).

El niño fue su siguiente objetivo. Le llevó a su dormitorio y le colocó la funda de una almohada en la cabeza para que no rompiera el plástico, y luego dos bolsas que anudó fuertemente alrededor del cuello. En su agonía, el pequeño rodó sobre sí mismo hasta caer de la cama y morir boca abajo sobre el suelo.

Cuando estaba por escapar notó que Josie aún vivía, entonces la llevó al sótano donde la amordazó mientras le decía que iría al cielo con los demás. Hábilmente la colgó con una cuerda de una tubería y la ahorcó despiadadamente. Con la pequeña puso en práctica las fantasías sexuales que arrastraba desde la adolescencia: maniatarla, cortarle el sostén, bajarle las bragas de algodón hasta la rodilla y dejarla colgada.

Después de estar dos horas en el hogar de los Otero, bebió algo que encontró en la nevera y fue habitación por habitación limpiando todo con mucho cuidado para no dejar rastros. Finalmente, recogió sus cosas, tomó el reloj del padre y una radio y huyó en el coche de la familia.

Antes de abandonarlo en el estacionamiento de Dillons, un centro comercial a unos 800 metros de la casa de los Otero, adelantó el asiento para disfrazar su altura. Acto seguido, caminó hacia su coche y en ese momento recordó que había olvidado el cuchillo. Regresó a la casa, lo recuperó y condujo entonces hacia Park City, donde se detuvo en un bosque y quemó todas las pruebas, también los bocetos que había realizado planificando el ataque la noche anterior. Entonces sintió placer, disfrutó exaltado de lo que había hecho.

¡Charlie, ven rápido!

Horas más tarde, los hijos mayores, Charlie, Danny y Carmen, llegaron de la escuela y vieron que su perro estaba afuera, algo inusual. «El bolso de mi mamá estaba en la estufa, volteado y desordenado, había cosas tiradas por todas partes. Eso no era típico de ella. Era una persona muy ordenada y la cocina nunca se veía así» —diría Charlie Otero en el programa 20/20 de ABC News en 2005. En ese momento, uno de sus hermanos gritó—: "Charlie, ven rápido. ¡Mamá y papá nos están jugando una mala pasada!". Corrí por el pasillo, fui a su habitación y vi a mi madre en la cama, a mi padre en el suelo, y mi corazón se me arrancó del pecho. Mi vida cambió instantáneamente. Cuando miré a mi madre, estaba atada. Ni siquiera se parecía a mi madre». Cortaron las complejas ligaduras de sus cuellos y trataron infructuosamente de reanimarles. Al intentar llamar a la policía se dieron cuenta de que la línea telefónica estaba cortada, entonces corrieron a pedir ayuda a los vecinos. Desconocían que sus hermanos pequeños estaban en la casa, les creían en el colegio, sanos y salvos. Más tarde se enteraron de que estaban muertos. «Doy gracias a Dios todos los días porque no encontré a Joey y Josie, no sé cómo lo habría manejado», aseguró Charlie.

El sargento Joe Thomas llegó minutos después de la llamada, recorrió cada habitación y quedó aturdido con lo que vio. Cuando se sobrepuso, protegió la escena para que nadie alterara la prueba antes de que llegaran los investigadores a cargo. En minutos, el lugar se llenó de detectives y personal de laboratorio.

Los oficiales Robert Bulla y Jim Lindeburg comprobaron que el asesino había atado los cuerpos de los padres con una cuerda de persiana veneciana. Joseph yacía muerto en el suelo con camisetas y dos bolsas en su cabeza, así como ligaduras alrededor del cuello. Les llamó la atención que en la alfombra había marcas de patas de una silla, frente al cadáver del niño... Al parecer, el asesino había estado sentado mirando cómo su vida se apagaba, disfrutando su agonía; se sentiría confiado y con tiempo.

La familia Otero. A la izquierda, los tres hijos mayores: Charlie, de 15 años, junto a Danny, de 14 y Carmen, de 13, únicos sobrevivientes. En el centro y a la derecha de la imagen, Joseph Jr., de 9 años y su hermana Josie, de 11; sus padres, Julie, de 34, y Joseph Otero, de 38, asesinados por BTK el 15 de enero de 1974 en su casa de Wichita, ciudad a la que se habían mudado buscando prosperidad y tranquilidad.

El detective Gary Caldwell bajó al oscuro sótano. No tenía linterna y tanteó buscando un interruptor. Al accionarlo vio a la niña, casi desnuda, colgada de una soga. Su cabello oscuro le caía sobre la mejilla y su lengua sobresalía más allá de la mordaza.

El mayor William «Bill» A. Cornwell, que dirigía la unidad de homicidios, se hizo cargo del caso. Él y Bernie Drowatzky, un detective veterano, hallaron varias marcas de ligaduras en las gargantas de los Otero. Parecía que habían sido estrangulados más de una vez. También notaron la gran variedad de nudos usados para atar sus muñecas, tobillos y gargantas. Esto los llevó a pensar que el autor debía de ser alguien de las Fuerzas Armadas.

La investigación

El crimen dejó perplejos a todos. Era inusual un hecho tan atroz en la tranquila Wichita, no había precedentes y tenían más preguntas que respuestas. La policía sospechó que un ladrón había irrumpido esperando encontrar a Julie sola, y al hallar a toda la familia, las cosas se descontrolaron. No se les ocurrió que fuera obra de un asesino en serie.

En su oficina, Cornwell reflexionó sobre las contradictorias declaraciones de algunos testigos. Un vecino había visto a un hombre alto, blanco, de complexión delgada y con un abrigo oscuro fuera de la casa de los Otero, alrededor de las ocho y cuarenta y cinco de la mañana. Otros describieron a un hombre bajo, con tupido cabello negro y tez oscura. Algunos más decían que el sospechoso podría ser de Oriente Medio y en un retrato hecho por un dibujante forense, el rostro parecía el de un hispano. Una señora afirmó haber visto en Dillons a un hombre salir del coche de los Otero, temblando convulsivamente. Aunque fue sometida a sesiones de hipnosis, no pudo recordar su rostro, solo su mirada, que reflejaba un ansia demente que hizo que ella se apartara de él. Un detective encontró el coche estacionado en Dillons y por la posición del asiento, dedujo que el conductor era bajo.

Las autopsias revelaron que ninguna de las cuatro víctimas había sufrido agresión sexual. Al analizar el líquido seco hallado en el muslo de Josie, descubrieron que era semen. Los investigadores también encontraron otra muestra en el sótano y en otras zonas de la casa: el asesino se había masturbado durante los asesinatos o tras ellos. A la mañana siguiente, la primera página del periódico local decía: «Extraña ejecución de una familia en Wichita».

Por diez días, detectives e investigadores trabajaron 18 horas diarias sin obtener resultados. El jefe de policía de Wichita, Floyd Hannon, incluso viajó a Puerto Rico y Panamá, donde la familia había vivido, en busca de posibles pistas. Todo se analizó cuidadosamente, pero sin éxito. Ni siquiera sabían si había actuado uno o varios asesinos, ya que los nudos de las ataduras eran diferentes según la víctima y eso los desconcertaba. Estaban desorientados, pero en algo acertaron: el asesino había servido en las Fuerzas Armadas, lo demostraba en su conocimiento sobre los nudos. En los siguientes meses se realizaron varias detenciones, pero todos los sospechosos tenían coartadas irrefutables. Como la comparación de ADN no se había desarrollado, las muestras de semen fueron de poca ayuda, pero se guardaron.

El periódico *The Wichita Eagle* hizo un acuerdo con la policía: establecieron el Programa «Testigo Secreto», pues suponían que eso ayudaría a la comunidad y a la investigación. Se ofrecían 5.000 dólares a cualquiera que brindara información útil sobre el Caso Otero. Este, como otros esfuerzos, no arrojó ningún indicio.

A Joseph, Julie, Josie y Junior Otero les enterraron en Puerto Rico. Los tres hijos mayores abandonaron Wichita y fueron a vivir con una familia amiga a Albuquerque, en Nuevo México. El futuro de Charlie estuvo signado por estados de depresión e ira, altercados con sus hermanos y un tiempo en prisión por agresión doméstica.

Capítulo 2

UNA MUERTE EN ABRIL

A lo largo de ese invierno, el asesino se dio cuenta de que la policía no tenía ninguna pista, eso le envalentonó y empezó a buscar otros «proyectos» (así llamaba a sus potenciales víctimas). Iba por las calles a la caza de mujeres que vivían solas y se asomaba por las ventanas. Vigilaba a varias para evaluar si eran un objetivo vulnerable y sexualmente apetecible para él. Si un «proyecto» no cumplía con sus expectativas o no parecía seguro, lo desechaba, se enfocaba en otro y seguía acechando.

Tan solo dos meses después, ya tenía una víctima en la mira. La vio desde su coche, a principios de marzo. Era una joven rubia y dulce con un cuerpo bello. Discretamente fue hasta el buzón de la casa para saber su nombre: Kathryn Bright; la llamó «Proyecto Apagar la luz». Primero comenzó la vigilancia intensiva, denominada *trolling*, y enseguida pasó a la segunda fase, *stalking* (acecho). Estaba satisfecho, la casa del 3217 East 13th Street North parecía perfecta: estaba algo aislada, no había niños ni perros odiosos, ni un marido o novio que pudiese fastidiar su intimidad con ella. El asesino imaginó que la joven estaría sola, la controlaría fácilmente y daría rienda suelta a sus sádicas fantasías. No necesitaría su «hit-kit» (su bolso de bolos con cuerdas ya anudadas, bolsas de plástico, cinta de embalar, esposas, pistola, alicates, destornilladores, una máscara para parecer más intimidante; todo lo necesario para entrar en una casa y dominar a sus habitantes con rapidez). Sin duda sería fácil, además, la ataría con sus pantimedias para confundir a la policía aplicando un método diferente al que había usado con la familia Otero.

Kathryn tenía 21 años. Vivía fuera del Valley Center, pertenecía a una familia muy unida y cantaba en la iglesia con una hermana y una prima. Como estudiaba en la Universidad de Kansas, alquiló una casita en la ciudad y consiguió empleo en Coleman, una marca famosa por sus artículos de *camping*. Alrededor de las dos de la tarde del 4 de abril de 1974, Kathryn llegó a su hogar acompañada por su hermano Kevin, de 19 años. Ignoraba que un hombre la había estado acechando, que esa tarde había irrumpido en su casa por la puerta trasera sin mayores problemas y que la esperaba escondido en uno de los dormitorios.

Para el asesino la presencia de un hombre cambiaba los planes que tenía con la joven. Como no podía escapar, decidió improvisar aunque no le gustara.

Las risas de los jóvenes cesaron cuando el asesino les sorprendió irrumpiendo desde el dormitorio y les amenazó con un arma. Repitió la misma historia que había contado a los Otero: que era un fugitivo que necesitaba un automóvil, comida y dinero. Era el momento de reducirles, pero recordó que no tenía su «hit-kit» de ataque. Los condujo al dormitorio, donde revisó estantes y cajones; había pañuelos, cinturones, medias de nailon. A punta de pistola, obligó a Kevin a atar a su hermana en una silla de la sala con unas pantimedias y a él lo llevó a otra habitación. Le dijo que se acostara, ató sus manos juntas y sus pies a un poste de la cama. Recorrió la casa fingiendo buscar dinero y las llaves del vehículo. Antes de ir al dormitorio para matar a Kevin, anudó los tobillos de la angustiada Kathryn con una pantimedia y subió el volumen de la música para acallar los previsibles ruidos del forcejeo y los gritos.

Entonces intentó estrangular al muchacho con una cuerda que encontró, pero este se defendió con una furia que no esperaba y al luchar por su vida logró soltarse y arremetió contra su agresor, quien sacó un arma y le disparó en la cabeza. Kevin se desplomó sangrando, parecía moribundo. El agresor se encaminó hacia Kathryn e intentó asfixiarla. Sin embargo, las ataduras improvisadas por el apuro no eran fuertes como sus confiables sogas del «hit-kit» con nudos corredizos y se empezó a soltar. En ese momento, Kevin recuperó la conciencia en el otro cuarto. La situación se le escapaba de las manos, no podía estar en dos lugares simultáneamente. Volvió para rematarle, pero el joven logró soltar las ligaduras de sus muñecas, forcejear durante un rato y apropiarse del arma, aunque no logró disparar y su atacante pudo recuperarla. Esto era demasiado para el asesino, deseaba concluir rápido con Kevin para dedicarse a su hermana, su «proyecto», así que le disparó otra vez en la cabeza y le dio por muerto.

De inmediato regresó con Kathryn, que luchaba desesperada por su vida y, al no poder dominarla para causarle asfixia, la golpeó para que se desmayara, pero sin éxito. Estaba aterrorizado: nada salía como lo había planeado. La situación pareció exceder sus fuerzas y para terminar rápidamente, cambió su *modus operandi*: tomó su cuchillo y la apuñaló haciéndole once cortes profundos. Estaba por concretar sus fantasías sexuales cuando escuchó ruidos en el dormitorio. Kevin seguía vivo y en un esfuerzo supremo escapó para pedir ayuda. Dada la situación, el asesino no pudo disfrutar de la agonía de Kathryn ni de la escena del crimen y masturbarse, así que huyó.

William Williams y Edward Bell, dos vecinos, socorrieron a Kevin, quien les dijo que el hombre que le había disparado estaba en la casa con su hermana y llamaron a la policía. Lamentablemente, cuando los oficiales llegaron, el asesino ya había huido. Dennis Landon fue por la puerta trasera y Raymond Fletcher por la del frente con su arma desenfundada. Encontraron a Kathryn todavía viva, atada a la silla, parcialmente desnuda, sangrando en el piso de la sala. Landon observó sus tobillos anudados con una pantimedia de nailon, una bufanda azul y un cordón alrededor de su garganta.

A pesar de los intentos que realizaron los médicos para salvarla con cirugía y transfusiones de sangre, Kathryn murió en el hospital unas horas después. Kevin quedó internado en cuidados intensivos y en estado crítico, pero sobrevivió.

En el hospital, Ronald Davenport y otros oficiales le preguntaron a Kevin qué había pasado. No pudo decirles nada, se atragantaba con la sangre. Una bala había entrado por su mandíbula superior y le había arrancado dos dientes, mientras la otra le había rozado la frente. Sin embargo, cuando pudo hablar, fue incapaz de describir al agresor con exactitud. Dijo que era más grande que él: que mediría 1,70 metros probablemente y pesaría alrededor de 80 kilos, que tenía la piel clara, bigote y cabello oscuro, unos veintiocho años de edad, y que incluso podía tener rasgos mexicanos. También, que usaba un gorro negro y amarillo —los colores del estado de Wichita y de la Universidad—, guantes, una cazadora y un abrigo militar con piel alrededor de la capucha. Asimismo, observó un reloj pulsera plateado en su brazo izquierdo. «Y sudaba mucho», finalizó Kevin.

Algunos investigadores pensaron que este asesinato estaba relacionado con el caso Otero, pero otros rechazaron esa teoría basándose en las diferencias: la familia Otero había sido estrangulada y asfixiada; sí, el atacante había amarrado a los Bright con medias de nailon, pero Kevin había sido baleado y Kathryn apuñalada.

Ante esta atrocidad, se creó un equipo de investigación con 75 policías que durante varios días barrieron la ciudad e interrogaron a más de 1.000 personas. Algunos decían tener datos sobre los crímenes, otros podían ser sospechosos, pero nadie aportó nada concluyente. No fueron capaces de vincular el crimen de los Otero al de Kathryn Bright.

Un asesino en serie andaba libre por Wichita, pero solo él lo sabía. Ese mismo octubre, un hombre confesó ser el autor del asesinato de los Otero y fue detenido; los periodistas difundieron la noticia, pero luego se descubrió que se trataba de un perturbado mental. Otros dos delincuentes también se declararon culpables, pero ante las incongruencias de sus testimonios y los datos falsos que presentaban, la policía desestimó que alguno de ellos fuese el asesino. La noticia se publicó en los medios. Mientras tanto, el homicida seguía la investigación día a día, y se revelaría poco después.

El 4 de abril de 1974, Kathryn Bright, de 21 años, fue atacada junto a su hermano Kevin, de 19. Después de elegirla como víctima y de vigilarla, BTK se escondió en su casa y la asesinó. Su hermano fue herido gravemente, pero sobrevivió. Kevin daría luego detalles precisos del aspecto de atacante, pero no sirvieron de nada. La policía no los tomó en cuenta.

En busca de reconocimiento

Ante el despliegue policial en el caso Bright, el asesino estaba convencido de que le arrestarían. Kevin le había visto, pero pasaban los días y su nombre no se mencionaba, tampoco habían ido a buscarle... Estaba fuera del radar de la policía. Con la confianza que le daba el anonimato, comenzó a escribir un documento de siete páginas, al que llamó «Una muerte en abril», con las fotos de Kathryn recortadas de los periódicos.

Se mantuvo tranquilo hasta que leyó que otros se adjudicaban su obra. Entonces no soportó que le quitaran su «mérito», ansiaba el reconocimiento y la atención de los medios y la policía. Sin más, se aseguró de que supieran que el asesino seguía suelto.

Así el 22 de octubre llamó a la línea telefónica Programa «Testigo Secreto» del *The Wichita Eagle*, creada para que la ciudadanía aportara datos sobre el crimen de los Otero. El periodista Don Granger atendió la llamada y una voz le dijo que había información en una carta escondida en el libro *Applied Engineering Mechanics*, en la Biblioteca Pública de Wichita. Le resultó inusual que el individuo diera una pista, pero no preguntara por la recompensa. Respetando el acuerdo con la policía, Granger les avisó sobre la extraña llamada.

En efecto, Bernie Drowatzky halló la carta en el libro indicado por la voz anónima. Decía en mayúsculas «EL CASO OTERO», y empezaba así: «Les envío esta carta por el bien del contribuyente y para que no pierdan más el tiempo. Esos individuos que tienen en la cárcel buscan publicidad por los crímenes de los Otero. No saben absolutamente nada. Lo hice todo yo solo, sin la ayuda de nadie». Y para confirmarlo, hacía una reseña truculenta de los crímenes, con datos que solo podía conocer el asesino, ya que no habían sido revelados al público. Detallaba con precisión las posiciones de los cuatro cuerpos y describía: «Todas las víctimas tenían sus manos atadas a la espalda, con mordazas de trozos de funda de almohada. Nudos corredizos en los cuellos de Joseph Junior y de Joseph para sujetar las bolsas (...). Falta el reloj de Joseph Otero. Necesitaba uno, así que lo cogí. Funciona perfectamente. Calefacción apagada. El coche estaba sucio por dentro, y sin gasolina». Y fue extremadamente preciso al describir cada cuerpo. En el caso de Josie anotó:

«Josie: Posición: colgada del cuello en la parte noroeste del sótano. Al norte de su cuerpo estaba la secadora o el congelador. Ataduras: manos atadas con cuerda veneciana. Por debajo y por encima de las rodillas, en los pies y la cintura con un solo trozo de cuerda. Garrote: cuerda gruesa de cáñamo con un nudo de horca de cuatro o cinco vueltas, nuevo. Ropa: sujetador negro cortado en el medio, calcetines. Muerte: primero estrangulación, luego colgada. Comentarios: resto de la ropa al final de la escalera, pantalones verdes y pantis. Las gafas estaban en la habitación del sudoeste».

No había duda, conocía bien la escena del crimen y esos párrafos confirmaban la sospecha de Cornwell: los Otero habían sido torturados. La carta estaba escrita en un inglés deficiente con numerosos errores ortográficos y gramaticales. En ella también intentaba explicar lo que le pasaba:

«Me resulta muy difícil mantener el control. Probablemente me consideren un "psicótico con perversiones sexuales e inhibiciones". No sé en realidad cuándo este monstruo entra en mi cerebro, nunca lo sabré. ¿Cómo curarse? Si pides ayuda diciendo que has matado ya a cuatro personas, se reirán o apretarán "el botón del pánico" y llamarán a los polis.

«No puedo parar, así que el monstruo continuará y me herirá a mí a la vez que a la sociedad. La sociedad puede dar gracias de que gente como yo tenga la posibilidad de aliviarse con ensoñaciones diarias en las que torturo y poseo víctimas.

«Es un juego complejo, mi amigo el monstruo jugando a destruir víctimas, siguiéndolas, vigilándolas en la oscuridad, esperando, esperando... La presión es grande y muchas veces juega totalmente por placer. Ya ha elegido a su próxima víctima o víctimas. Yo aún no sé quiénes son. El próximo día después de leer el periódico, lo sabré, pero será demasiado tarde.

«Buena suerte con la caza. Vuestro, sinceramente culpable».

Y como si eso fuera poco, terminaba con una posdata y firmaba BTK, un acrónimo que reflejaba su método: «PD: Como los criminales sexuales no cambian su *modus operandi*, o por naturaleza no pueden hacerlo, no cambiaré el mío. Mis palabras clave serán... Bind them ["Átalos"], Torture them ["Tortúralos"], Kill them ["Mátalos"]: BTK, lo veréis en la próxima víctima».

La carta provocó en los detectives desasosiego e indignación, habían fallado en atrapar al asesino durante nueve meses, y ahora él mismo les decía que volvería a matar. La consternación alternaba con la rabia y el desaliento. La carta era una pista importante, pero Floyd Hannon, jefe de policía, quiso mantenerla en secreto para no asustar a la gente ni dar detalles a posibles imitadores. Además, le preocupaba que la publicidad le incitara a matar de nuevo. ¿Qué hacer? Creyendo que era un pedido de auxilio para librarse de su demonio interior, la policía comenzó a publicar un anuncio personal en *The Wichita Eagle*: «BTK dispone de ayuda, llame al 684-6321 antes de las 10». Nadie se comunicó.

Días después, en la mañana de Halloween, los lectores leyeron en la página 8 una columna del periodista Granger en la cual confirmaba haber recibido un llamado, que la policía poseía una carta y que intentaba contactar a un hombre que tenía información importante sobre el asesinato de los Otero. Estaba dispuesto a hablar con el informante y daba el número de teléfono de su casa. Fue la primera mención en las noticias acerca de BTK, pero este no respondió.

El semanario *Wichita Sun* no fue tan discreto y el 11 de diciembre una de sus reporteras, Cathy Henkel, reveló que había recibido una copia de la carta de BTK de una fuente anónima, aclarando que esa sigla significaba «Atar, Torturar, Matar», y que el asesino había amenazado con atacar de nuevo. Henkel creía que los ciudadanos tenían derecho a saber que alguien peligroso estaba libre. Antes de publicarla, consciente de lo delicado del tema, consultó con algunos psicólogos: ¿hacerla pública podría alentar a BTK a matar de nuevo? Los profesionales le explicaron que el asesino obtendría la publicidad que deseaba, aunque era difícil predecir qué haría después. La historia provocó pánico en la gente, pero también, que tomara precauciones.

Robert Beattie, abogado y autor del libro *Nightmare in Wichita*, publicado en 2005, escribió que una generación de mujeres vivía aterrada y revisaba sus líneas telefónicas cuando llegaban a sus hogares. «Tenías que haber vivido aquí para conocer el miedo que se apoderó de esta ciudad», recordó Cindy Plant, oficial de Control de animales de Valley Center que incluso conoció a Rader en 1991 y le entrenó para el mismo cargo.

Todos estaban alterados y a la espera del siguiente ataque. Sin embargo, los meses transcurrían y también los años sin nuevos asesinatos. ¿Qué le había pasado a BTK? ¿Se había mudado? ¿Había sido encarcelado por otro crimen? ¿Había muerto?

Floyd Hannon, el jefe de policía, se jubiló en 1976 sin atrapar a BTK y sin dejar de pensar que eso constituía una mancha en su carrera. Le reemplazó Richard LaMunyon, un joven de 36 años. Una de las primeras cosas que hizo fue estudiar los archivos BTK: estaba decidido a otorgarle al caso la máxima prioridad.

Capítulo 3

EL VECINO DE AL LADO

El miedo se había apoderado de la pacífica Wichita. Ya nadie se sentía seguro, la gente tenía terror y quería instalar alarmas en sus hogares. Los servicios de ADT Security Services, conocida empresa del rubro, eran cada vez más requeridos. Incluso, como no alcanzaban a satisfacer los pedidos, tuvieron que emplear más personal calificado. Entre ellos, a un tal Dennis Lynn Rader, cuya experiencia en las Fuerzas Armadas instalando equipos de antenas le calificaba para la tarea.

A principios de 1974, Rader estaba desempleado, se sentía inquieto y tenía tantas horas libres que paseaba por la ciudad en busca de algún estímulo. Entrar en ADT Security Services dio un giro a su vida, ya que le permitió recorrer las calles, ingresar en las viviendas y conocer la vida de sus vecinos. Su tarea era instalar alarmas de seguridad, en muchos casos para propietarios preocupados por BTK.

Puertas afuera de la casa de Rader, los años setenta desembarcaron con una fuerte crisis económica. Parecía que el estado de bienestar y optimismo se había acabado: la crisis del petróleo de 1973 coincidió con la retirada de Vietnam e instaló en el país un sentimiento de gran decepción. A eso se sumaban los problemas domésticos: Watergate, protestas raciales y revelaciones de la CIA.

Puertas adentro, a Dennis no le preocupaban esos asuntos. Leía revistas de detectives y novelas policiales y pornográficas; también se masturbaba jugando con sogas y esposas. De tanto en tanto, se deleitaba con los pequeños trofeos robados a los Otero, y sin culpa lucía en su muñeca el reloj de Joseph. Es más, escribió sus recuerdos: anotó que Joseph, al principio, pensó que el ataque era una mala broma de su hermano; después escribió lo que Josie le dijo justo antes de ahorcarla y registró todo lo que recordaba. Para justificar tantas horas escribiendo, le dijo a su esposa que tenía mucha tarea en la Universidad. Al concluir firmó «BTK», y lo archivó para poder releerlo y regodearse otra vez con su crimen.

También tenía sus momentos de reflexión: el crimen de los Otero no había sido un verdadero éxito, un «hit» como él llamaba a sus asesinatos. Podía mejorar, tenía mucho que aprender. Reconocía sus errores: minimizar la presencia del perro, no prever que el padre estuviera allí, haber olvidado el cuchillo, la pérdida de control al haber mucha gente en la casa. Cualquiera de estas cosas pudo estropear sus planes o permitir que le atraparan.

El «Proyecto Apagar la luz», le pareció que sería perfecto, pero la presencia de Kevin había alterado su plan. Además, no llevar su «hit-kit» demostraba un descuido de su parte y eso no le hacía sentir orgulloso. Por otro lado, recordaba lo mucho que había disfrutado su tiempo con Josie y quería gozar nuevamente de ese placer. Decidió que la próxima vez planearía mejor cada detalle, debía prever todas las situaciones para alcanzar sus objetivos: estaba dispuesto a mejorar sus técnicas de tortura. Como reconoció que no era tan fácil estrangular a una persona, consiguió unas pelotas de goma para entrenar sus manos y tener más fuerza. Asfixiar requería tiempo y energía, y deseaba estar mejor preparado para la siguiente ocasión.

El miedo a ser atrapado le había acobardado, pero eso no impidió que se comunicara con la prensa y se ufanara ante la policía de sus sádicos crímenes. Ahora se hablaba de él y la ciudad entera tenía miedo. Estaba satisfecho.

¿Quién era Dennis Lynn Rader?

La historia comienza el 9 de marzo de 1945, año en el que nace en un tranquilo rincón de Pittsburg, un pueblecito del condado estadounidense de Crawford, Kansas. Fue el mayor de los cuatro hijos de Dorothea Mae Cook y de William Elvin Rader, miembro de la Infantería de Marina de los EE. UU., quien a partir de 1948 trabajó para la empresa de servicios eléctricos KG&E. La familia se mudó a Wichita, cuando Dennis era un niño, y se instalaron en una vivienda sencilla pero confortable, en el 4815 N Seneca St.,

Joseph Otero, víctima de BTK junto a su esposa y dos de sus hijos, se retiró como sargento técnico de la Fuerza Aérea de EE. UU. Trabajaba en aviones y enseñaba a volar en el aeródromo de Cook Field, a pocas millas de Wichita.

que fue la casa de los Rader hasta que se vendió en 2005. El matrimonio trabajaba muchas horas y prestaba poca atención a sus hijos. Al ser apresado, Dennis dijo sentirse ignorado por su madre y estar resentido con ella. No hay información de que fuera violenta, pero Rader culpó de sus tendencias sádicas a su madre por los golpes que le daba.

Hay poca información sobre la infancia de este niño callado y acomplejado. Asistió a la escuela primaria Riverview. Allí su introversión seguramente influyó en sus vínculos y a eso se sumaron sus dificultades de aprendizaje: no sabía deletrear y sus escritos estaban llenos de errores gramaticales. Sus compañeros le recordarían como un alumno mediocre e inseguro. Para sus maestros era un niño tranquilo, reservado, educado, con problemas de aprendizaje, pero aprobaba todas las materias. Sin embargo, uno de sus profesores, años después, recordó que tenía un lado inquietante. Según él mismo, era un nivel crónico C menos o D.

A diferencia de otros asesinos en serie, su infancia fue corriente, con un entorno familiar estable. John Davis, su mejor amigo desde los 5 años, recuerda jugar con él a lo Tom Sawyer y Huckleberry Finn, personajes del escritor Mark Twain. En una nota para *Reader's Digest*, publicada en mayo de 2016, declaró: «Pasamos mucho tiempo en el río Little Arkansas, pescando y nadando. Cavábamos trincheras y construimos fuertes. Ninguno se metió en ningún problema. Nuestros padres nos vigilaban de cerca. El de Dennis era una persona muy agradable. Era justo, pero sabías que no toleraba tonterías». Ambos se unieron a los Boy Scouts, donde compartieron campamentos, caminatas, viajes en canoa y aprendieron a realizar una amplia gama de nudos.

Bajo esa apariencia retraída, sin embargo, fluían emociones en conflicto. Según varios informes y sus propias confesiones (luego se retractó), a los 10 años comenzó a torturar y matar pequeños animales (al parecer había visto a su abuelo decapitar

Dennis Rader creció en una casa sencilla, pero confortable, de Wichita, en Kansas. Allí vivió en el seno de una familia común y estable integrada por Dorothea Mae Cook, la madre, William Elvin Rader, el padre, y tres hermanos. Sin embargo, culpó a su madre de maltrato. A los 10 años ya torturaba y mataba animales.

gallinas), y ahorcaba, desmembraba y colgaba perros, gatos y ratones, sus primeras víctimas.

También contó que de niño tenía fantasías sobre la esclavitud, el control y la tortura con mujeres famosas. Como otros pequeños, veía por televisión el programa *The Mickey Mouse Club*, pero en sus macabras ensoñaciones, imaginaba abusar de la conocida actriz adolescente Annette Funicello, una *Mouseketeer* que despertaba en él sus fantasías de esclavitud. Poco a poco, fue desarrollando emociones contrarias al resto de los jóvenes: mientras ellos querían salir con chicas y besarlas, él pensaba en estrangularlas.

En su adolescencia, surgieron sus fantasías sexuales sádicas sobre torturar a mujeres atrapadas e indefensas. Sus padres observaron sorprendidos y desconcertados las imágenes de mujeres que él recortaba de las revistas a las que les dibujaba sogas al cuello. Años después, en una carta que escribió desde la cárcel a la doctora Katherine Ramsland, quien le psicoanalizó durante cinco años, habló sobre «su precoz afición a masturbarse con fotos de chicas que veía en los anuncios de las revistas, sobre las que le pintaba cuerdas y mordazas». «Fue en esta época cuando comenzó a seguir a mujeres por la calle. Aunque no mató a ninguna. Ya se sentía como un depredador en busca de presas», apuntó Ramsland en sus investigaciones.

Otro de sus pasatiempos de juventud era vigilar mujeres o espiarlas a través de las ventanas, y entrar en las casas para robar ropa interior femenina, algo que consideraba muy excitante. Era un gran fetichista: adoraba la lencería y utilizaba las pantimedias y otras prendas robadas para disfrazarse en el sótano de su casa y entregarse a la autoasfixia erótica con cuerdas u otras ataduras en los brazos y el cuello mientras se masturbaba. Su otro *hobby* era leer novelas de terror y revistas sadomasoquistas. En las novelas *pulp* —revistas de cómics de ficción—, había mujeres atadas o a punto de ser abusadas a las que salvaba un héroe. Él, curiosamente, se identificaba con los criminales y no con el apuesto salvador.

De niño, Dennis Lynn Rader veía el programa *The Mickey Mouse Club* por TV y en sus macabras ensoñaciones imaginaba abusar de la conocida actriz adolescente Annette Funicello, una *Mouseketeer* que despertaba en él sus fantasías como esclavizador. Así, mientras otros querían salir con chicas para besarlas, él pensaba en estrangularlas.

Rader disfrutaba además del voyerismo y el travestismo, pero mantenía su oscuro mundo interior controlado y en su comunidad se lo consideraba normal, tímido y educado. Participaba también en actividades de la iglesia y en 1957 se confirmó en la Iglesia Luterana de Zion. Con los grupos religiosos, hacía excursiones como *boy scout*. Algunos amigos le describen como un individuo reservado, con escasa vida social en la secundaria, poco interés por la música moderna y sin sentido del humor. Era atlético, bien parecido y dominante, tenía una mirada intensa, y era popular entre las chicas. Se graduó en el Wichita Heights High School en 1963.

Dominado por una obsesión

En 1966, a los 21 años, Rader se alistó en la Fuerza Aérea. Su primer destino fue la Base de Lackland en San Antonio, Texas, donde recibió entrenamiento básico. Luego le enviaron a la de Sheppard en Wichita Falls, y a principios de 1967, a la de Brookley en Mobile, Alabama, donde estuvo hasta enero de 1968. Posteriormente lo trasladaron por seis meses a Japón, a la Base de Kadena en Okinawa, sobre el océano Pacífico. En julio de 1968 fue transferido a Tachikawa, cerca de Tokio, donde permaneció hasta 1970. También sirvió en Corea, Grecia y Turquía. Sus cuatro años en servicio activo no fueron notables, pero alcanzó el grado de sargento y trabajó en la instalación de equipos de antenas, entre otras tareas específicas. Recibió la Medalla de Buena Conducta de la Fuerza Aérea, la Cinta de Puntería de Experto en Armas Pequeñas y la Medalla del Servicio de Defensa Nacional. En 1970 fue dado de baja del servicio activo y regresó a Wichita.

Sus actividades civiles, sin embargo, no fueron tan pulcras. A su arraigada costumbre de seguir mujeres por la calle, se sumó su inclinación por los burdeles, donde intentaba atar a las prostitutas para tener relaciones sexuales. Como se negaban, optó por masturbarse atándose él mismo: «Se encerraba en un motel, se ataba con cuerdas, se ponía una bolsa de plástico en la cabeza y se masturbaba hasta alcanzar el orgasmo», casi al límite con la muerte —así describió la doctora Katherine Ramsland esas sesiones de onanismo.

Un año después, el 22 de mayo de 1971, se casó con Paula Dietz, una jovencita de 23 años de familia alemana que conocía desde la escuela secundaria, luterana como él. Se fueron a vivir a Park City, un suburbio a siete millas al norte de Wichita. Ella era contable. Trabajó en una biblioteca y él como carnicero en un supermercado de la cadena IGA. Un año más tarde, Dennis ingresó en Coleman Co., empresa de suministros para acampar, donde estuvo hasta julio de 1973. Asimismo trabajó por un tiempo en Cessna, la famosa compañía de aeronaves. Mientras tanto, asistía al Butler County Community College de El Dorado, donde se graduó con un título en Electrónica en 1973. Ese otoño, se inscribió también en la Universidad Estatal de Wichita para cursar Administración de Justicia.

Al quedar desempleado en 1973, se sentía deprimido y con tiempo libre. Pronto su desilusión encontró una salida: buscar víctimas con las que «desahogarse». Su instinto criminal había permanecido latente durante años y fue con los Otero que salió a la superficie...

Para esa época, su esposa había comenzado a trabajar en el Hospital de Veteranos de Wichita y como no le gustaba conducir en la nieve, Rader la llevaba al trabajo cada mañana. Luego se dedicaba a merodear por barrios apartados y campus universitarios, mirando a las mujeres, pensando en qué les haría e imaginando escenas eróticas de esclavitud, tortura y muerte. En ese vagabundear fue que vio a Julie y Josie Otero, le atraían las latinas y no se las podía sacar de la cabeza. Disfrutaba del acoso, sus fantasías comenzaban a transformarse en una obsesión y el *bondage* (amarre erótico) le parecía mucho más estimulante que el coito. «Se encontraba a un paso de empezar a matar, una decisión premeditada y racional impulsada por su propia predisposición homicida. Y también por el ejemplo de asesinos célebres como Ted Bundy o Jack el Destripador, quería ser famoso», explicó la doctora Ramsland al periodista Luigi Landeira, quien la entrevistó en 2016 para *The Wichita Eagle*.

Capítulo 4

TRES AÑOS DE SILENCIO

En 1974, al concretar sus crueles fantasías sexuales con los Otero y Kathryn Bright, Rader se volvió un asesino famoso y una pesadilla para la ciudad de Wichita. Había mujeres aterradas, vecinos indignados y policías dedicados exclusivamente al caso. Hasta llegó a intervenir el FBI. Sin embargo, un silencio incomprensible se instaló durante tres años, en los que nadie supo de BTK. Pero si bien no mataba, continuaba acechando mujeres.

A comienzos de 1977, conoció en un bar a una chica llamada Cheryl que tenía el perfil de sus víctimas. Al conversar con ella supo que alquilaba una casa con una amiga, donde acostumbraban hacer fiestas. Justamente, estaban organizando una para el Día de San Patricio, el 17 de marzo. Rader descubrió dónde vivía —frente a Dillons—, y tras evaluar varios aspectos decidió que Cheryl era un buen «proyecto» para convertirlo en «hit».

El Día de San Patricio condujo hasta Dillons, estacionó su coche en un lugar desde donde podía ver la casa de Cheryl y se dirigió hacia allí. Llamó a la puerta, pero nadie contestó. Afortunadamente para ella y sus amigos, la fiesta se había concretado en otro sitio. Rader estaba desanimado por el fracaso, pero decidido a encontrar otra víctima. Años después contaría al juez que estaba muy exaltado, que en ese momento decidió que era hora de matar y que iba a hacerlo de una forma u otra. Había recorrido ese barrio y conocía sus calles y patios traseros: sabía dónde vivían algunos «proyectos» que tenía en mente.

Entonces, caminó sin rumbo por Hydraulic Street esperando una oportunidad. Se presentó con Steve Relford, un niño de seis años. Rader sacó una foto de Paula, su esposa, para engañarle y le preguntó si sabía quién era o dónde vivía. El niño le respondió que no y siguió camino hacia el hogar; regresaba de comprar sopa para su madre que tenía gripe. Hasta el día de hoy, Steve Relford recuerda cada detalle de ese terrible día. El periodista Erin Moriarty le entrevistó para la CBS en 2005 y en esa oportunidad relató que entró en su casa y poco después se oyeron golpes.

«Mi hermano y yo corrimos hacia la puerta. Le pegué a mi hermano. Dejé entrar a BTK en mi casa». Steve era muy pequeño en 1977, pero el adulto se sigue sintiendo culpable. «¿Por qué abrí la puerta?» es la terrible pregunta que aún hoy se repite a menudo.

Rader se hizo pasar por oficial de policía y convenció al niño de que le dejara entrar. Dentro de la casa vio a su hermano de 8 años y a una hermanita de 4, apagó bruscamente la televisión y bajó las persianas.

Shirley Vian, la madre de los niños, una mujer de rostro afable de 26 años, escuchó algo raro y salió del baño vestida con una bata para saber qué pasaba. Entonces, Rader la amenazó con su arma y le pidió su cooperación por el bien de todos. Era una de sus tácticas: convencer a sus víctimas de que si ayudaban y no luchaban, no les mataría. Ella obedeció, probablemente para que no lastimara a sus hijos. A punta de pistola les ordenó a los pequeños que entraran al baño, donde les encerró con juguetes y mantas.

Le había llegado el momento a la asustada Shirley, a la que sin rodeos le dijo que le ataría y violaría y que después le sacaría fotografías. Ella se descompuso y vomitó. Rader afirmaría en sus declaraciones futuras que le alcanzó un vaso de agua para que se recuperara y le permitió fumar para calmarse. Luego le ató las piernas con cinta aislante negra y con cuerda para cortina veneciana, le amarró a la pata de la cama, le colocó una bolsa de plástico sobre la cabeza, le pasó la misma cuerda por el cuello y añadió el lazo rosa del camisón. Así empezó el instante tan esperado por él: el juego con la cuerda, la lencería femenina y el momento de masturbarse... Pero los tres niños gritaban e intentaban escapar del baño, además estaba intranquilo porque ella le había dicho que su esposo llegaría pronto. Según relata Vicente Garrido en su libro *Perfiles Criminales*:

«Desobedeciendo las órdenes de Rader, (los niños) se subieron al lavabo y fisgaron a través de una pequeña ventana que daba a la habitación de su madre. Pudieron

EVIDENCE PHOTO

Escena del crimen de Shirley Vian, 26 años, madre de dos hijos. Rader la amenazó de muerte y encerró a los niños en el baño. Luego le ató las piernas con cinta aislante y con una cuerda de cortina veneciana la amarró a la pata de la cama. A continuación, le colocó una bolsa de plástico en la cabeza, pasó la misma cuerda por el cuello y añadió el lazo rosa del camisón. Así disfrutó asfixiándola y masturbándose.

EVIDENCE PHOTO

Los niños consiguieron escapar del lavabo y pedir ayuda, pero ya era tarde. Su madre estaba muerta y BTK era el asesino.

ver que estaba desnuda, atada boca abajo sobre la cama, con una bolsa de plástico sobre su cabeza y una cuerda alrededor del cuello. Bud, el hijo mayor, rompió la ventana del baño para pedir socorro. El teléfono empezó a sonar (y los niños no dejaban de hacer un jaleo descomunal). Dennis Rader quería masturbarse tranquilamente y luego acabar con los niños (y colgar a la niña, según diría después, como había hecho con Josie Otero), pero el teléfono que no paraba de sonar y el barullo que presidía toda la escena no le permitieron concentrarse, y tras eyacular con rapidez en unas medias azules que dejó al lado del cuerpo, escapó. Rader cogió dinero y dos pares de pantis antes de huir. Se los pondría más adelante para sus juegos sexuales».

La policía encontró muerta a Shirley, parcialmente desnuda en su cama, con una bolsa plástica en su cabeza, atada, y con semen en la ropa íntima que estaba junto al cuerpo. La mujer tenía las manos amarradas en la espalda con cinta negra y el lazo del camisón. Steve le dio a la policía una descripción de BTK, pero dudaron de la fiabilidad de un niño. Pasarían casi 30 años para se comprobara que había aportado detalles precisos sobre el asesino de su madre.

Uno de los investigadores, Bob Cocking, afirmó que ese crimen era similar al de los Otero. Pero muchos otros no estaban seguros, porque habían pasado tres años y las únicas similitudes eran el tipo de soga y los nudos con que las víctimas estaban atadas. Así que desestimaron esa posibilidad y trataron el caso como un asesinato aislado.

No aceptaban que un asesino en serie rondara Wichita, lo que trascendió a la prensa. Cuando Rader lo leyó, seguramente se indignó y no tardó en escribir una carta al periódico explicando por qué no había matado a los pequeños: «Tuvieron suerte, una llamada telefónica les salvó. Iba a atarles y a ponerles bolsas de plástico en la cabeza, como hice con Joseph y Shirley, y después iba a colgar a la niña. ¡Oh, Dios mío, qué bonito alivio sexual habría sido...!». Su ansia de convertirse en un famoso asesino en serie se volvió una obsesión para él.

Capítulo 5

EL «FACTOR X»

Rader logró controlarse durante otro par de años, pero llegó un momento en que sus fantasías no le alcanzaron y volvió a merodear por su barrio fetiche buscando un nuevo «proyecto». Anna Williams llamó su atención: era una mujer de 63 años que había enviudado hacía poco. La acechó durante un tiempo y cuando reunió los datos que necesitaba, elaboró un complicado plan y decidió el día para concretarlo: 28 de abril de 1979.

Alrededor de las siete de la tarde rompió una ventana y entró en la casa, que estaba vacía. Cortó la línea telefónica, barrió los cristales desperdigados para no delatar su presencia y se encerró en el armario del dormitorio. Esperó entonces durante cuatro horas a que la mujer llegara, pero no arribó. Cerca de medianoche, harto y decepcionado, terminó por irse, aunque le robó dinero, prendas y alhajas. El monstruo que le habitaba no se contentó. No estaba en paz, necesitaba que Anna sintiera terror, así que dejó una escoba con una cuerda, atada en forma de horca y anudada al palo junto a la cama.

Cuando la mujer regresó, halló todo revuelto: un intruso había entrado y le había robado objetos de valor y gastado casi un rollo entero de papel higiénico. Al intentar llamar a la policía, comprobó que la línea telefónica estaba cortada y corrió a avisarle a una vecina. Los agentes realizaron un exhaustivo análisis y como no hallaron ni huellas ni semen, lo consideraron un robo, así que no avisaron a sus colegas de homicidios. Anna estaba en pleno duelo y aquello fue demasiado para su frágil estado de ánimo; estaba aterrorizada, tenía la certeza de que había sido obra de BTK.

Sus familiares y amigos trataron de tranquilizarla, pero el 15 de junio, un sobre llegó a su buzón. Su hija lo abrió y lo escondió inmediatamente. En su interior había una bufanda de su madre, joyas, un poema y el dibujo de una mujer desnuda, atada sobre la cama en una extraña posición. Un palo de escoba estaba insertado en su vagina, y lo más impactante era que la cara de la mujer miraba hacia el espectador amordazada, y sus ojos parecían espejos que podían reflejar a su asesino. Al día siguiente, otro sobre similar llegó al canal de televisión Kake-TV. Sin dudarlo, la aterrorizada Anna Williams abandonó la ciudad inmediatamente.

Kake-TV recibió una carta y un poema con una macabra metáfora. Al asesino le gustaba escribir y usar a la primavera como imagen de sus sádicos deseos: «¡Oh, Anna!, ¿por qué no apareciste? / Era un plan perfecto de placer desviado tan audaz en ese pito de primavera. Mi interior caliente con la propensión del despertar de la nueva estación. / Advierto, mojado por el miedo interior y el éxtasis, mi placer de enredarme, como nuevas vides en la noche. / ¡Oh, Anna!, ¿por qué no apareciste? (...)».

Y continuaba en ese tono unas estrofas más. El mensaje estaba firmado con el logo que él mismo había diseñado: las iniciales de BTK dispuestas de un modo particular: una «B» boca abajo, con dos puntitos en el medio simulando pechos de mujer, y la «T» y la «K» formando el cuerpo, como el muñeco del juego del ahorcado. Rader necesitaba que su víctima y toda la ciudad supieran que era él quien había estado en la casa. Si BTK no podía aterrorizar matando, lo haría infundiendo terror psicológico en todo Wichita.

No había huella alguna, pero los investigadores observaron algo extraño. El papel de la misiva no era el original, sino el resultado de varias fotocopias, para que fuera imposible rastrearle. Sin embargo, creyeron que tal vez se podría averiguar la procedencia de la fotocopia y la enviaron al FBI.

Arlyn Smith, joven detective de Wichita, habló con Xerox Corporation y con fabricantes de papel y tóner que colaboraron en la investigación. En tanto, el policía Tom Allen fue a Nueva York para determinar las características de la máquina y el tipo de tinta utilizada. Finalmente, gracias a innumerables esfuerzos y después de escrutar todas las fotocopiadoras de la ciudad, descubrieron que la copia recibida por Anna Williams se había hecho en la biblioteca de la ciudad, mientras que la enviada a Kake-TV había sido realizada en la Universidad de Wichita. No era un detalle menor. BTK podía ser un estudiante.

Se investigó entonces a todos los alumnos varones blancos y en esa larga lista de posibles sospechosos, estaba el nombre de Dennis Lynn Rader, pero no se fijaron en él. Los detectives se enfocaron en quienes les dieron motivos para sospechar.

Décadas más tarde, al ser apresado, Rader confesó que en ese mismo momento, él tenía otro «proyecto» en Topeka, una localidad cercana: se trataba de Fran Dreier, de 63 años. La había visto mientras colocaba unas alarmas, la siguió y vigiló por unos días, pero cuando irrumpió en su vivienda ella no apareció. Era una noche de primavera de 1979, y cuando Fran llegó a su casa cerca de medianoche se dio cuenta de que habían entrado ladrones. Hizo la denuncia a la policía, que lo investigó como un hurto, y días después recibió un sobre con las joyas que le habían robado, un dibujo hecho por el intruso y un poema que mencionaba cuánto le había decepcionado que hubiera llegado tarde a su asesinato. Además, le dejó una nota en la que decía: «Alégrate por no haber estado aquí, porque yo estaba». Dreier notificó nuevamente a la policía y se marchó rápidamente de la ciudad.

Proyecto «La caza del zorro»

Rader seguía patrullando regularmente la zona a la que consideraba su coto privado: allí vivían muchas jóvenes solteras y trabajadoras, su presa ideal. La experiencia ya le había demostrado que la presencia de maridos, hermanos, niños o de un perro no era conveniente si quería lograr un verdadero «hit».

Nancy Fox era una joven muy atractiva de 25 años. Solía arreglarse con extremo cuidado el cabello rubio y las uñas, tenía una voz magnífica, cantaba en el coro de la Iglesia baptista y tocaba la flauta. Trabajaba en The Law Company y en la joyería Helzberg's, y vivía en la calle South Pershing, en un dúplex un poco aislado.

Rader la vio un día cuando entraba en su casa y sin perder tiempo, se acercó al buzón para saber el nombre de su próximo «proyecto»: Nancy Fox. En un endiablado juego de palabras (*Fox* es «zorro» en inglés), lo llamaría «La caza del zorro». Ya no necesitaba seguir merodeando y así pasó a la segunda fase, *stalking*. Con cautela y disimulo, acechaba a Nancy para conocer sus actividades y horarios. Así descubrió que tenía costumbres y rutinas fijas. Solo debía elegir el día ideal para atacarla, y el 8 de diciembre de 1977 le pareció la mejor fecha. Esa mañana le dijo a Paula, su mujer, que se quedaría estudiando en la biblioteca de la universidad hasta tarde, que no se preocupara si tardaba.

Nancy salió de la joyería a su hora habitual, fue hasta un local de hamburguesas, compró algo para cenar y lo fue comiendo en el coche camino a casa. A esa misma hora, Rader ya estaba en la puerta trasera, había cortado la línea telefónica y tras quebrar el vidrio de una ventana, acababa de entrar. Lo primero que hizo fue subir la temperatura de la calefacción: por la ventana rota entraba frío. Al llegar, Nancy le vio en la cocina, le preguntó qué hacía allí y con energía le echó: «¡Váyase o llamaré a la policía!». Esto excitó a Rader, que amenazó a la chica con un arma mientras repetía su discurso sobre sus fantasías sexuales. Ella le miró con una mezcla de pena y asco.

Cuando en 2005 el juez le preguntó sobre el suceso, Rader respondió que Nancy parecía molesta, que hablaron un rato mientras ella fumaba un cigarrillo, y que finalmente le dijo: «Bueno, terminemos con esto para que pueda llamar a la policía», y pidió ir al baño. Él le respondió que fuera y saliera desvestida.

Al salir la esposó, le quitó las pantimedias, la amordazó con ellas y amarró sus piernas con un cinturón. Se desnudó parcialmente, se subió sobre ella, comprendió que estaba muy excitado y no pudo controlarse, tomó el cinturón que sujetaba las

OTERO CA...

...write this letter to you for the ...
...me. Those ... dude you have in cu...
...licity for the Otero murders. Then ...
myself and with no ones help. Then ...
Let's put it straight.........

Joe:
Position: Southwest bedroom, feet ...
           southerly direction. ...

Bondage: Window Blind cord.
Garrote: Blind cord, brown belt. ...
Death : The old bag trick, and ...
Clothes: White sweat shirt, green ...
Comments: He threw up at one ti...
           before. Laying on coat ...

Julie:
Position: Laying on her back c...
           ern direction. Have ...

Bondage: Blind cord.
Garrote: Clothes line cord tie...
...th strangulation twice.

the tax payer as well as your
are just talking to get pub-
nothing at all. I did it by
been no talk either.

L.POST

the bed. Head pointed in a

ulation with clothes line rope.

rib injury from wreck few week

e on the bed pointed in a southwest-
ith a pillow.

love-itch.

El 22 de octubre de 1974, Bernie Drowatzky halló la
primera carta de BTK tras una llamada suya. Habría
muchas más, al asesino le gustaba escribir y asustar.
Se titulaba «EL CASO OTERO» y le decía a la policía
que dejara de perder el tiempo con los sospechosos,
que él era el autor de esos crímenes. Luego describía
detalles precisos y terminaba despidiéndose con
una burla: «Buena suerte con la caza. Vuestro,
sinceramente culpable».

piernas, se lo puso alrededor del cuello y comenzó a tirar. Nancy intentó defenderse, liberar sus manos atadas y en el forcejeo le clavó las uñas en los testículos, dolor que incrementó la fantasía y placer sexual de Rader. Al verla desvanecida, aflojó la presión del cinturón hasta que Nancy recuperó la conciencia, entonces le dijo quién era, y disfrutando del terror que vio reflejado en su rostro, ahora apretó con más fuerza el cinturón nuevamente. Ella luchó con desesperación hasta último momento, pero no logró salvar su vida.

Mientras miraba el cuerpo inerte y le sacaba fotografías, el asesino se tomó las cervezas que había llevado. Antes de irse, se masturbó con un camisón de Nancy, robó su carnet de conducir y algunos trofeos, como el collar de perlas que tenía puesto en algunas imágenes luego publicadas por la prensa. No bajó la temperatura de la calefacción para que el cuerpo se descompusiera antes y la escena fuera aún más horrible (a los forenses les costó determinar la hora de la muerte).

Rader estaba eufórico. Nadie había interrumpido el ritual de la doble estrangulación y había disfrutado con la tortura, la muerte y su masturbación. Pudo contemplar la escena todo el tiempo que quiso y disponer del cuerpo de Nancy a su placer, incluso beberse las cervezas... ¡Sí!, había sido un «proyecto» perfecto, su verdadero «hit».

A la mañana siguiente, leyó los titulares de los diarios, escuchó la radio con ansiedad y miró los noticieros, pero no se mencionaba nada. Fue a trabajar a ADT y cuando salió de la oficina en la camioneta de la empresa, se detuvo en una cabina telefónica pública en Organ's Market, a seis manzanas de la comisaría, y llamó a la línea habilitada para denunciar crímenes. La telefonista le comunicó con la policía.

El agente que tomó la llamada, al escuchar «Sí, hubo un homi-cidio en el 843 de South Persing, Nancy Fox», comprendió que era importante e intentó continuar la conversación alegando que no había escuchado bien la dirección. Pero la telefonista repitió la dirección, Rader la confirmó, dejó caer el auricular que quedó colgando y huyó rápidamente como un villano de serie de televisión. Sin embargo, se tomó su tiempo para hacer un juego de palabras con la palabra inventada *home-cide*, mezcla de *homicide* («homicidio») y *home* («casa»). El asesino tenía sentido del humor y voluntad de comunicación: quiso decir «un homicidio casero», pero los policías no le entendieron, creyeron que tenía problemas de dicción.

La policía halló el cuerpo de Nancy tendido en la cama, con la cabeza muy hinchada, amordazada con sus propias medias de colores y otro par que le rodeaba el cuello. Las piernas estaban atadas con su jersey y había semen en el camisón junto a ella. Era el *modus operandi* de BTK. El asesino había dejado pistas inequívocas con su sello para que no tuvieran dudas: pantimedias de nailon, línea telefónica cortada, estrangulación, cuerpo sobre la cama, semen en la ropa interior, robo del carnet de conducir y llavero de la víctima... Sin embargo, la policía local no estaba muy segura sobre cómo proceder ante aquella situación que la superaba.

En busca de fama

Los investigadores no tenían idea de quién podía ser el asesino de Nancy Fox, ni del hombre que había llamado por teléfono para denunciar el crimen, pero les llamó la atención que usara la palabra «homicidio» y pensaron que tal vez estaba vinculado con la policía o con el ámbito del derecho.

Sintiéndose ignorado y buscando provocar, Rader escribió otro poema. Esta vez, en honor de Shirley Vian, la madre de los niños a quien violó el Día de San Patricio, basado en una vieja y conocida canción de cuna: «Cabello de Shirley, Cabello de Shirley /¿Vas a ser mía? / No gritarás / ni nada sentirás. / Pero tiéndete en un cojín / y piensa en mí / y en la muerte, y en cómo

/ va a ser para ti». Lo envió el 31 de enero de 1980 al *The Wichita Eagle*, agregando que el siguiente estaría dedicado a Nancy Fox, pero otra vez más, nadie supo comprender qué significaba ni reconocer las huellas evidentes de la presencia de BTK. Es más, la carta terminó traspapelada, una empleada del diario creyó que era una broma de San Valentín.

El 10 de febrero del mismo año, Kake-TV se conmocionó al recibir una nueva y singular misiva que también incluía un poema. El autor recurrió a otra vieja canción de los Montes Apalaches para recrear el crimen. Al lado de la carta, había un dibujo de Nancy Fox muerta sobre la cama y sus anteojos sobre la mesilla, tal como fue encontrada por la policía. Sin duda se trataba de BTK. Y estaba enojado por la poca repercusión de sus escritos:

«Me resulta ofensivo que los medios no hagan ninguna alusión a mi poema sobre Vian. Un pequeño párrafo hubiera bastado. De todos modos, entiendo que no es culpa de los medios; el jefe de la policía quiere mantener a todo el mundo tranquilo, en la ignorancia de que hay un psicópata rondando por ahí, estrangulando mujeres especialmente. Ya hay siete víctimas. ¿Quién será la siguiente? ¿A cuántas tengo que matar para que me hagan un poco de caso? ¿Los policías no se dan cuenta de que todas esas muertes están vinculadas? Por favor... es cierto que el *modus operandi* es siempre diferente, pero no cabe duda de que hay un patrón que se está desarrollando. La mayoría de las víctimas están atadas, los teléfonos cortados, bondage [...] Josie me puso muy excitado cuando la colgué; sus súplicas de piedad cuando tiraba de la cuerda, ella totalmente inerme; me miraba con los ojos completamente abiertos de terror, la soga cada vez más y más tirante. No entendéis estas cosas porque no estáis bajo la influencia del Factor X, como lo estaban el Hijo de Sam, Jack el Destripador, Harvey Glatman, el Estrangulador de Boston, el doctor Holmes, Ted Bundy... y otros personajes infames. Parecerá un sinsentido, pero no podemos evitarlo. No hay cura, salvo la muerte o la captura [...]. Sigo durmiendo tan tranquilo después de hacerlo. Tras matar a Fox, volví a casa y retomé mi vida como cualquier persona normal. Y así seguiré hasta que el ansia vuelva a llamarme [...]. Espero que no seas tú el siguiente desgraciado [...]. Mi siguiente víctima puede que aparezca colgando de un nudo de horca, con las manos atadas atrás con cinta aislante [...] posibles manchas de semen en el ano o en el cuerpo. Será escogida al azar. Motivo: Factor X».

Finalmente, dedicó un párrafo para proponer un nombre para él, e hizo una breve lista con los que le gustaban: «El estrangulador BTK», «El estrangulador de Wichita», «El estrangulador poeta», «The Garrote Phantom». El asesino tenía sentido del humor, no cabía duda.

Los mensajes se volvieron cada vez más brutales y provocativos, lo que obligó al Departamento de Policía de Wichita a tomar una decisión que evadía desde 1974, ocuparse en serio de BTK. Richard LaMunyon, jefe de la Policía de Wichita convocó a una conferencia de prensa para esa misma tarde y reconoció que había un asesino suelto. La policía desconocía quién era y no tenía ninguna pista para atraparle, de modo que pidió a los ciudadanos tener mucho cuidado, cerrar las puertas y cuidarse unos a otros. Entonces la población entró en pánico. Las mujeres estaban aterradas, novios, maridos y amigos las acompañaban hasta el interior de sus casas y descolgaban el teléfono para verificar si la línea estaba cortada. Cualquiera podía ser víctima de BTK.

Las cartas y poemas le dieron a Rader el reconocimiento deseado: la gente sentía pánico y él, alegría por la atención de los medios y del FBI. Sin embargo, de poco sirvió, nadie supo identificarle ni dar con su paradero. Disfrutó un tiempo de la publicidad que recibía BTK a fines de la década de 1970, pero comprendió que debía ser cauto para evitar ser atrapado, aunque continuó asechando y buscando potenciales víctimas.

Así pasaron cinco años durante los que BTK cayó en el olvido. Muchos asumieron que había muerto, o que se había mudado, o que había sido encarcelado. Estaban equivocados.

Capítulo 6

DOBLE VIDA

M ientras Rader asesinaba, evadía a la policía y al FBI y provocaba a los medios con todo tipo de pistas, llevaba una vida relativamente tranquila junto a su esposa. Por increíble que parezca, en la década de 1970, los Rader compraron una pequeña casa en Independence Street y en 1975, Paula dio a luz a su primer hijo, Brian, que constituyó una genuina alegría para todos. En junio de 1978, nació Kerri, la segunda y última hija del matrimonio. Por lo tanto, Paula estaba embarazada de la niña cuando Rader asesinó a Nancy Fox. Los niños crecieron con un padre presente que paseaba con ellos en medio de la naturaleza, organizaba campamentos y les enseñaba las cosas de la vida, el mismo asesino en serie que salía a matar.

Era un hombre de familia con muchas responsabilidades y no deseaba correr riesgos. Cuando su hijo Brian ingresó a los Boy Scouts, él mismo le apoyó ayudándole a convertirse en líder, y con el tiempo el pequeño alcanzó a ser Eagle Scout, gracias su aliento y orientación. George Martin, compañero líder de los Boy Scouts, dijo al *Reader's Digest* que Rader era muy riguroso con los jóvenes y que tomaba muy en serio sus actividades al aire libre.

Sus hijos jamás sospecharon que ese hombre afable era el asesino que aterrorizaba a la ciudad. «Mi papá fue quien me enseñó la moral», señalaría años después su hija Kerri, «Él me enseñó a distinguir el bien del mal». Sin embargo, en el artículo «When your father is the BTK serial killer», publicado en febrero de 2015, en *The Wichita Eagle*, Kerri narró otras vivencias con recuerdos interesantes que sugieren la doble faceta oculta de ese padre:

> «Le gustaba tener pasatiempos porque eso lo mantenía lejos de problemas. Convirtió mi habitación en un vivero de plantas cuando yo tenía tres años (...). Pero ahora te das cuenta de que eso le mantuvo fuera de problemas. Estaba tratando de detenerse. (...) Más tarde fueron sellos. Teníamos cientos de sellos. Mi mamá y

yo terminamos usándolos en sobres. (...) Pensaba que era alguien importante y que a esa gente la querían por su colección de sellos. Recuerdo que un día mis padres tuvieron una discusión en la cena, con la típica vieja mesa desvencijada. Alguien la golpeó y las patas se rompieron y toda la cena se derrumbó, esparciendo fideos y salsa por todas partes. Mi padre estaba tan enojado con mi hermano que puso sus manos alrededor de su cuello y comenzó a tratar de estrangularle. Mi madre y yo entramos y los separamos. Todavía puedo imaginarlo claramente, y puedo ver la ira intensa en la cara y los ojos de mi padre. Cerca de un maníaco. Me siento terrible cuando pienso en los 30 años de mierda y de cosas malas en Wichita por culpa de un hombre, mi padre. Lo terrible, lo hizo con las víctimas... Las mujeres tenían miedo, mi propia madre tenía miedo de irse a casa».

A comienzo de 1980, Rader seguía con su trabajo en ADT. Ya no tenía tantas horas libres para sus «proyectos», ahora estaba ocupado. Con su familia, el trabajo durante el día y la universidad por las noches, no tenía tiempo para planificar un crimen. Además, su actividad y participación en la Iglesia luterana era cada vez más intensa.

Rader terminó sus estudios de Administración de Justicia y pocos días antes de la ceremonia de graduación en la Whichita State University, envió el poema de Anna Williams a Kake-TV. Nunca utilizó su título en Justicia, pero le sirvió para aprender sobre los métodos de la policía.

En 1985, tenía 49 años. Todos sabían que deseaba convertirse en oficial de policía, pero se tuvo que conformar con ser instalador de alarmas, una posición inferior. Según los informes que se revisaron cuando fue atrapado, había participado como voluntario en programas de oficiales de reserva.

Kerri Rader junto a su padre, Dennis Rader, alias BTK. Después del trauma de saber quién era y de muchos años sin contacto con él, volvió a verlo en la cárcel y a escribirle. Hallarán la respuesta al porqué de su perdón en el último capítulo de este libro, titulado «Ser la hija de BTK».

Rader era consciente de que debía evitar que Paula sospechara de su doble vida, no podía darse permisos que llamaran la atención y que la policía comenzase a rondarle; sentía temor ante el despliegue para atraparle. Había listas de todos los hombres que vivían cerca de los barrios donde se habían cometido los asesinatos, también en la universidad. Y los posibles sospechosos iban a la comisaría a declarar, pero ninguno quedaba preso. Si no mató durante cinco años fue por miedo a ser atrapado: sabía que si BTK desaparecía durante un tiempo, la policía perdería interés.

Estas «desapariciones» eran desconcertantes para los investigadores, y solo se entienden si se comprende que era un asesino sistemático, capaz de dominarse, una persona inteligente, con imaginación y memoria fotográfica. En estos períodos de enfriamiento, su demonio interior se divertía vigilando mujeres y recreando sus crímenes cuando se encerraba en el cobertizo al que nadie podía entrar.

Allí pasaba horas y horas recortando revistas, dibujando escenas morbosas y estremecedoras, sacándose fotografías atado, colgado o cubierto de las medias de sus víctimas, o escribiendo en su macabro diario el goce que le producía estrangular. Ese regodearse alimentaba su fantasía y calmaba su monstruo interno. Continuaba con su obsesión adolescente: leer novelas *pulp* con descripciones pornográficas de violaciones y secuestros de mujeres, y masturbarse con violencia: se colgaba de vigas, atado, fingiendo un ahorcamiento que le provocaba gran placer y orgasmos. Esos momentos de perversión privada le permitían criar a sus hijos, trabajar sin levantar sospechas y seguir yendo a misa.

Pero BTK no se había desvanecido como algunos creían. Ya en su juventud había aprendido a existir en dos mundos: el social y convencional que todos habitan y su propio mundo privado, de tortura y de muerte. Fue extremadamente hábil en separarlos y mantenerlos compartimentados. En sociedad era un hombre religioso y servicial, con una vida pacífica en Park City, fríamente ocupado en las obligaciones familiares y laborales y sin antecedentes penales. Sin embargo, lo más importante era que gracias a su vida secreta controlaba y tranquilizaba a su «Factor X».

Para comprender a Rader es preciso entender cómo es el perfil de un psicópata: estamos ante alguien egocéntrico, incapaz de sentir empatía por otros, que puede lastimar y engañar sin sentir culpa, ni vergüenza, ni remordimiento, ni arrepentimiento. Además, es inteligente y nadie se entera de que es un asesino.

Los *Ghostbusters* o «Cazafantasmas»

BTK era un obstáculo para el FBI. El investigador John Douglas, perfilador y agente del organismo en la Unidad de Ciencias del Comportamiento, así como todo su equipo, estaban desalentados porque no lograban ni siquiera una pista.

Ante el desconcierto, se creó un grupo especial del FBI para intentar atraparle: los *Ghostbusters* o «Cazafantasmas». Coordinado por Roy Hazelwood, el equipo de agentes revisó nuevamente las pruebas, escuchó una y otra vez la voz de Rader denunciando el asesinato de Nancy Fox y difundió la grabación en los medios por si alguien le reconocía. Asimismo, avisó a la policía local sobre la posible falta de antecedentes de BTK. Podían estar ante un asesino en serie que aparentara ser un vecino normal e inofensivo, sin ningún episodio conocido de violencia. Por recomendación del célebre analista del FBI Robert Ressler —creador del concepto de asesino en serie—, la policía también entregó a la prensa sus dibujos. Tenían la esperanza de que alguien le identificara por su estilo.

Por otra parte, los perfiladores de la Unidad de Ciencias del Comportamiento se desvelaban por comprender la mente de BTK, pero no lo lograban, ya que no encajaba en los tipos de asesinos en serie conocidos hasta ese momento. Algunos buscaban un hombre con antecedentes, pero Rader no los tenía.

Muchos consideraban que su compulsión asesina era irrefrenable, pero no lo era, la podía controlar. Creían que no atacaba porque estaba en la cárcel o había fallecido, pero estaba libre y acechando. Suponían que vivía en el centro de Wichita, pero tenía una casita agradable en Park City, en los suburbios de la ciudad.

El perfil elaborado por Robert K. Ressler describía a un estudiante universitario o profesor de Derecho en Kansas o un lector ávido de libros y noticias sobre asesinos en serie. El psicólogo local John Allen, que colaboró con los Cazafantasmas, estudió detenidamente la historia del caso. «Cuando revisé las investigaciones de la década de 1970, se hizo evidente que estaban buscando a un loco obvio, alguien que actuaría de manera tan extraña que llamaría la atención sobre sí mismo. Pero creí que podrías estar al lado de este tipo en un ascensor y no tener ni idea. Sentí que estaba completamente instalado en una red social: su trabajo, su iglesia». Allen tenía razón. Rader era el psicópata perfectamente integrado, un hombre respetable y respetado, de perfil bajo, padre de familia y misa dominical.

Después de dos años de meticulosa pero infructuosa tarea, no habían logrado ningún avance. Los policías de Wichita, los perfiladores del FBI y los psicólogos criminalistas estaban estresados y psicológicamente exhaustos. Se habían gastado miles de dólares en la investigación para nada; entonces muchos fueron reasignados a otras tareas.

A mediados de la década de 1980, los análisis de ADN comenzaron a usarse en la investigación forense y los Cazafantasmas hicieron pruebas voluntarias de ADN a posibles sospechosos. Utilizaron bases de datos informáticas para escanear registros del Estado de Wichita con la esperanza de analizar referencias cruzadas. Incluso convencieron al Pentágono para que les permitiera ver fotos satelitales de Wichita obtenidas durante las fechas de los crímenes. No tuvieron éxito. De este modo, el equipo de los Cazafantasmas fue disuelto en 1986, y la investigación perdió fuerza.

El único agente que permaneció en el Caso BTK fue el inspector de la policía de Wichita Ken Landwehr, futuro Jefe de la Brigada de Homicidios. Aunque BTK no había vuelto a matar, él no le olvidaba y mantenía la esperanza de que surgiera alguna pista. Una de sus buenas decisiones fue negarse a entregar el ADN del semen recogido de BTK. Landwehr esperaba que llegara el momento oportuno, tener un sospechoso y mejores medios para cotejar esas muestras. Confiaba en que la tecnología del ADN y la informática avanzasen lo suficiente para descubrir al asesino en el futuro. Fue un gran acierto.

Capítulo 7

DESEOS FUERA
DE CONTROL

Ocupado en mantener su fachada de hombre normal, Rader mantenía a raya a su monstruo interior, pero sus pulsiones sádicas persistían. Siempre fantaseaba con el poder de dominación y destrucción, y los asesinatos le permitían liberar sus instintos más bajos. Él mismo contó a la doctora Ramsland que llegó a identificar un total de 55 «proyectos» o víctimas potenciales que había elegido. Y dedicaba mucho tiempo a estudiar el comportamiento de otros asesinos en serie, sus ídolos. Asimismo, decidió cambiar su *modus operandi* para confundir a la policía: esta vez atacaría en su propio barrio y buscaría un «proyecto» fácil. Después de casi ocho años inactivo ansiaba volver a matar.

La ocasión se presentó una tarde de abril de 1985, cuando vio a Marine Hedge, una vecina del 654 de Independence Street, a solo seis puertas de su casa. La mujer estaba regando las flores del jardín, él la saludó y siguió su camino como si nada, pero memorizó su imagen. Marine era una mujer amigable y menuda de 53 años, madre de cuatro hijos adultos. Era muy pulcra, femenina, vestía a la moda, era el tipo de mujer que le gustaba. Además, vivía sola con sus gatos, había enviudado el año anterior.

Rader comenzó a espiarla noche y día, merodeó por su jardín, fisgoneó a través de las cortinas del dormitorio... cuanto más sabía, más le gustaba y excitaba. Esta vez no podía fallar nada, así que planificó el asesinato minuciosamente, haciendo de este crimen el más complejo y elaborado que hubiese realizado.

El 27 de abril Rader llevó a su hijo al campamento Tawakoni con los Boy Scouts, en las afueras de Wichita, y se quedó con él. Por la noche, dijo a los otros padres que no se sentía bien, se disculpó y se fue a su tienda de campaña. Era su coartada: cuando todos dormían, salió del campamento y se marchó en su coche hasta un bar cercano. Allí pidió una cerveza, pero solo bebió unos sorbos y la derramó a propósito sobre su ropa, fingiendo estar ebrio. Luego llamó a un taxi balbuceando que no podía conducir y pidió que lo llevara a Park City, donde dijo que caminaría antes de ir a su casa. El patio trasero de la residencia de Marine Hedge daba a este parque.

Al ver el vehículo en la cochera, Rader supuso que la mujer estaba en casa, lo que complicaba sus planes. Pero el obstáculo no le detuvo: cortó la línea telefónica y silenciosamente abrió una puerta trasera con un destornillador. Al entrar comprendió que la casa estaba vacía, entonces esperó escondido en el armario del dormitorio.

Marine llegó del bingo con un amigo. Rader pensó que sus planes fracasarían si iban al dormitorio para pasar la noche. Sin embargo, conversaron un rato y el hombre se fue. Ella subió a su cuarto y se quedó dormida, sin sospechar que su asesino estaba oculto en el armario. Entonces, él se lanzó sobre ella. La mujer se despertó y gritó con angustia ante el sorpresivo ataque mientras luchaba por su vida, porque las manos de Rader oprimían su cuello. Fue la primera víctima a la que estranguló solo con sus manos.

Todo fue muy rápido, tanto que ni siquiera pudo darse el placer de asfixiarla por segunda vez. Intentó volver a estrangularla a garrote, pero para su frustración ya estaba muerta. No le importó mucho, el momento permanecería siempre en su memoria. Además, aún tenía muchos planes. Inspirado en sus fantasías *pulp*, envolvió el cuerpo de Marine en una alfombra, lo metió en el maletero del automóvil de la víctima y condujo hasta la iglesia luterana. Como era una persona de confianza, tenía las llaves del edificio.

Entonces fue al sótano y colocó plásticos negros en las ventanas para evitar que se vieran sus movimientos y destellos de luz desde el exterior. Luego se enfocó en hacer una sesión de fotos con el cuerpo. Lo acomodó en mil y una posturas, con sogas, sin sogas, boca arriba, boca abajo. Gracias a esas fotografías, alimentaría sus fantasías cuando quisiera. Pasó la noche muy ocupado. Poco antes del amanecer, colocó el cuerpo en el maletero y condujo

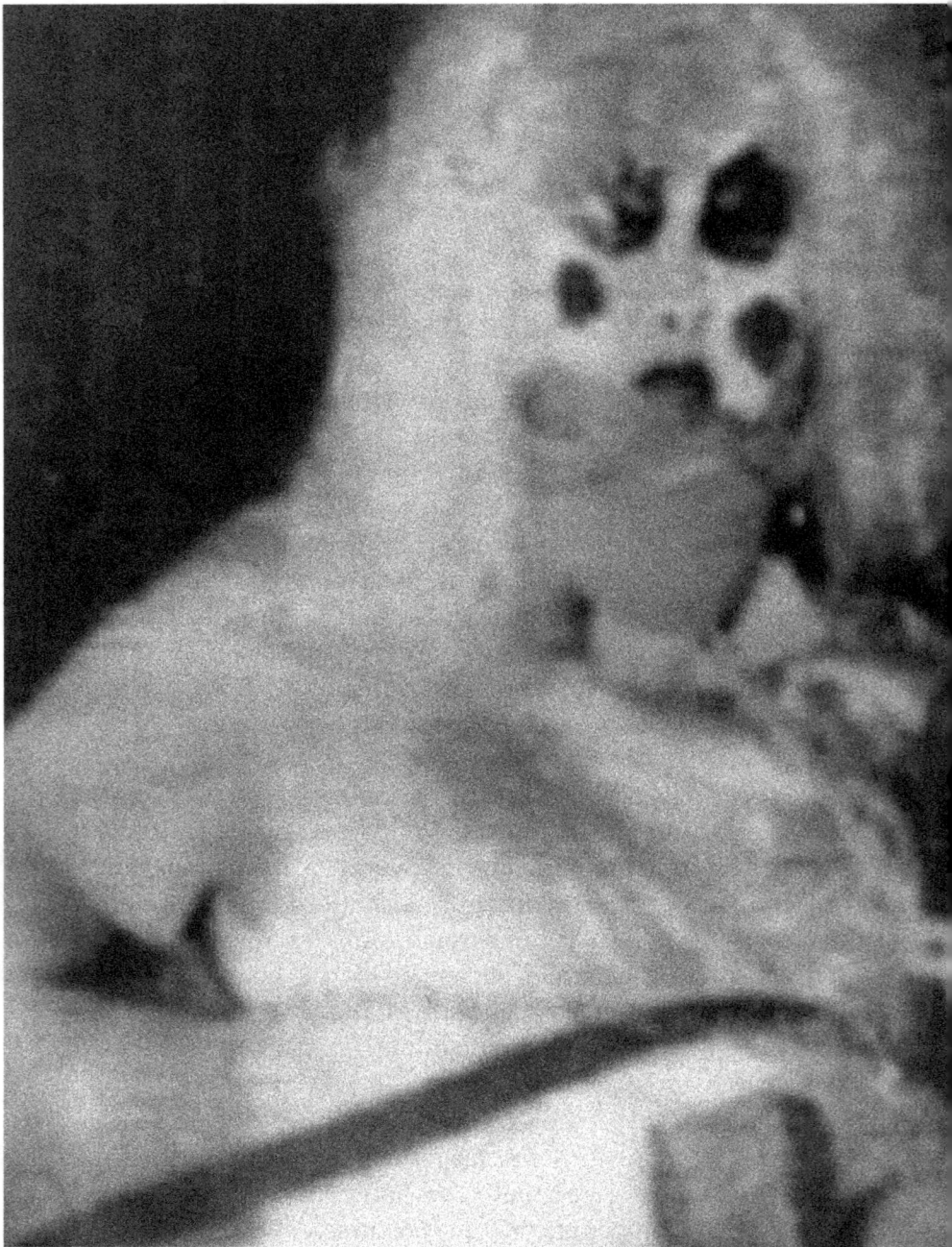

Luego de atar, torturar y matar a sus víctimas, Dennis Rader disfrutaba de vestirse como ellas y tomarse fotos. Recrear la escena del crimen era el modo que hallaba para revivir ese momento y disfrutarlo durante los años de enfriamiento, es decir, en los que no mataba.

casi 9 km hasta un sitio solitario, donde le arrojó en una sucia zanja cubriéndolo con plantas y ramas. Faltaba su firma, así que tiró cerca del cuerpo unas pantimedias anudadas. Seguidamente, condujo el coche de Marine hasta el lugar donde había dejado el suyo, borró sus huellas del vehículo y regresó al campamento, donde todos dormían. Por la mañana se levantó de excelente humor y cocinó para todos *bacon* con huevos en la fogata.

Marine Hedge no se presentó a trabajar en la cafetería del West Medical Center, cosa extraña en ella, ya que no faltaba nunca. El supervisor llamó primero a la iglesia para preguntar si estaba allí, y ante la negativa se comunicó con la policía. Comenzaron a buscarla, fueron días amargos para su familia y amigos.

Los detectives interrogaron a Gerald Porter, el amigo que había estado con ella, quien aseguró que no había visto nada raro al irse alrededor de la medianoche. Nadie entendía cómo era posible que hubiera desaparecido al día siguiente dejando la puerta de su casa abierta. El vehículo de Marine fue encontrado recién el jueves próximo. Estaba en un centro comercial, con una manta y una colcha de cama dentro del maletero. Las ruedas mostraban restos de pasto y barro, así que dedujeron que la mujer había estado en el campo o en un lugar o camino con maleza. El cuerpo apareció en Greenwich Road tras ocho días de intensa búsqueda, el 5 de mayo. Estaba desnudo y en avanzado estado de descomposición. Junto a él, disimuladas entre la hierba, había unas pantimedias anudadas: la firma inequívoca de BTK.

El cambio de *modus operandi* despistó a la policía. Entonces no sabían que Marine había sido su octava víctima. Recién se enterarían en 2005, cuando Rader confesó. También sabrían que aún conservaba las fotografías tomadas al cadáver aquella noche.

Capítulo 8

SU ESCLAVA SEXUAL

Rader se dedicó a disfrutar de los trofeos y fotografías de Marine durante casi un año y medio. Se había arriesgado mucho matando a su vecina, pero pronto comprobó que la policía seguía tan despistada como siempre. Nadie tocaría a su puerta para detenerle.

En 1986 seguía trabajando para ADT en varios puestos, incluido el de gerente de instalación. El cargo le permitía robar las medias de las clientas y colocar las alarmas de tal manera que, si lo deseaba, podría entrar en la casa sin que sonaran. Pero lo que más disfrutaba era comer dentro de su furgoneta mientras vigilaba a sus «proyectos».

Así dio con Vicky Wegerle, una encantadora ama de casa de 28 años, casada con Billy, a quien había conocido cuando tenía 16 años en la escuela secundaria. Un año después nació su hija Stephanie y ocho años más tarde, Brandon. Vicky daba clases de piano y a menudo se sentaba a tocar por simple placer, algo que Rader disfrutaba mientras merodeaba para espiar sus movimientos. Su dulzura y su talento musical la convirtieron en su «Proyecto Piano».

Tras analizar algunos aspectos prácticos, consideró que el 16 de septiembre sería un buen día. Dejó la furgoneta en el estacionamiento de un centro comercial y se vistió con un uniforme de operario de telefónica, completando su disfraz con una gorra amarilla y un logo falso. Con su «hit-kit» en las manos, llamó antes a la puerta de una vecina para dar verosimilitud a la fachada y luego se dirigió a la casa de Vicky, quien tocaba el piano. Le mostró su carnet falso y logró que la mujer le permitiera entrar para verificar la línea telefónica.

Rader observó que su hijo de dos años estaba sentado en la sala tranquilamente. Simuló inspeccionar el teléfono con un dispositivo improvisado y cuando se cercioró de que no había hombres que pudiesen interrumpirle, sacó la pistola, la amenazó y a pesar del forcejeo, consiguió arrastrarla a la habitación. Ella le insultó y se negó a desnudarse, amenazándole con la llegada inminente de su marido. Rader le ató las manos, pero Vicky luchaba con tanta energía y desesperación que, mientras él intentaba atarle las piernas, ella logró romper las ligaduras. El forcejeo se hizo más intenso y entonces BTK le tapó la boca con las manos para evitar que gritase y sacó un lazo de cuero al que le había hecho varios nudos. Así era más fácil asirla para estrangularla.

El perro de la familia ladraba desesperadamente, algo que desconcentraba a Rader, y Vicky pudo zafarse y respirar de nuevo. Ante estas dificultades, Rader empezó a sentirse agobiado, necesitaba concluir. Vicky seguía luchando y le clavó las uñas en el cuello, entonces él le golpeó despiadadamente hasta que la mujer cayó junto a la cama. Seguidamente, anudó unas pantimedias en su cuello y apretó con todas sus fuerzas hasta verla morir.

Entre la lucha y los ladridos del perro, no sintió el placer que había imaginado, además todo se había prolongado más de lo planeado y no iba a tener tiempo de masturbarse. No sabía si el marido regresaría pronto (más tarde declaró que si el esposo hubiera llegado, también le habría matado). Pero no se iba a ir con las manos vacías. Sacó su Polaroid, tomó fotos del cuerpo muerto en distintas poses, robó objetos personales, se llevó las llaves del coche y abandonó la casa.

Bill Wegerle regresaba de su trabajo para almorzar con Vicky y el pequeño Brandon cuando vio pasar el automóvil de su esposa en sentido contrario por la misma carretera. Observó que detrás del volante no estaba ella, aunque no pudo identificar al conductor. Al llegar vio a Brandon en la sala, llamó a Vicky y como no respondía, empezó a buscarla por la silenciosa casa. La halló muerta en el piso del dormitorio, detrás de la cama, con unas pantimedias alrededor del cuello. La llevaron a un hospital e intentaron revivirla, pero fue en vano.

Mientras tanto, Rader se alejaba en el coche de Vicky, al que abandonó unas manzanas más allá. Se llevó su carnet de conducir, tiró la cartera en el asiento de atrás y caminó hasta su furgoneta, donde cambió su ropa. En su diario íntimo, escribió que en la vida ultraterrena Vicky sería su esclava sexual de *bondage*, ella «había luchado como una tigresa». Era cierto: el forense encontró erosiones en los nudillos de tanto golpear y también, un trozo de piel de su atacante que fue cuidadosamente resguardado.

Si bien el asesinato de Vicky ocurrió nueve años después del último crimen conocido de BTK, su muerte brutal tenía su marca registrada: fue atada y estrangulada como sus víctimas anteriores.

Viviendo bajo sospecha

Ese día la vida de Billy Wegerle cambió de manera drástica: había perdido a su esposa, a la madre de sus hijos, y como si aquello fuera poco, debió enfrentar las sospechas de la policía y la gente hostil que le creía culpable.

Como nadie había tenido noticias de BTK en nueve años, la policía local descartó que fuera el autor del crimen y consideraron a Billy Wegerle como el principal sospechoso. Le interrogaron e investigaron y la duda se acentuó tras el fallo en dos pruebas con el detector de mentiras; la primera realizada por la policía y la segunda, por un experto en polígrafo contratado por el propio Billy, que le dijo que creía que lo que estaba diciendo era verdad, pero que el estrés alteraba la prueba. En su desesperación, el marido de Vicky incluso contrató a un detective privado para que siguiera el caso, porque le parecía que los investigadores no buscaban a nadie más, pero no obtuvo resultados. Y aunque la policía nunca halló pruebas para acusarle, él tuvo que convivir con ese estigma los siguientes 18 años.

Hubo, sin embargo, disidencia con la visión policial. Los antiguos Cazafantasmas del FBI estaban convencidos de que el crimen de Vicky Wegerle había sido obra de BTK, pero nada pudieron hacer para torcer el rumbo de la investigación.

Billy y sus hijos guardaron silencio sobre lo que vivieron hasta 2005, cuando compartieron su historia por primera vez con la periodista Erin Moriarty. Los hijos revelaron entonces el dolor padecido en su infancia y adolescencia: «Recuerdo que volví a la escuela y mis amigos me decían en el patio de recreo: "Mi mamá y mi papá dijeron que tu papá lo hizo"». Por su parte, Brandon recuerda a una maestra de la escuela secundaria que «le contó a su hijo menor que mi papá y yo éramos malas personas, y que se mantuviera alejado de nosotros».

A medida que crecían, Stephanie y Brandon preguntaron qué había pasado realmente. Su abuela les dijo que pensaba que el asesino era BTK. Esas iniciales no significaban nada para ellos, pero identificaban al asesino, que permanecía impune.

Otro poema de BTK

En 1987, el asesinato de tres miembros de la familia Farger el día de Año Nuevo conmocionó a la ciudad de Wichita. Mary llegó de viaje y encontró a su marido Phillip asesinado de un disparo por la espalda, y a sus dos hijas de 16 y de 9 años, muertas en el *jacuzzi* de la bañera con la temperatura al máximo.

Bill Butterworth, un contratista que trabajó para los Farger fue arrestado en Florida: se le había visto dejar la escena del crimen en el automóvil de Farger y usó la tarjeta de crédito robada. Pero fue absuelto por un jurado debido a la falta de pruebas físicas, aunque la policía sigue convencida de que fue el asesino.

La conmocionada viuda recibió, días después, un correo con un extraño poema y un macabro dibujo que recreaba la espantosa muerte de una de sus hijas. La nota que lo acompañaba decía: «Yo no lo hice, pero admiro el trabajo realizado».

Capítulo 9

TARDÓ TRES MINUTOS
EN MORIR...

E s evidente que Rader controlaba su pulsión asesina gracias a sus perversas fantasías y prácticas sexuales, algo que fue perfeccionando con los años. Se tomaba autorretratos con una Polaroid colocada sobre un trípode, a la que le había instalado un cable que funcionaba como un rudimentario mecanismo para accionarla: solo tenía que tirar suavemente para sacar una foto. En estas sesiones, además de atarse y asfixiarse, seguía disfrazándose con las prendas que les había robado a sus víctimas y se cubría la cara con una pálida máscara de porcelana con los labios pintados de rojo.

Ahora, ya con 45 años, Rader desconfiaba de los «proyectos» con mujeres jóvenes, había sido difícil matarlas cuando se defendieron, así que pensó que las mujeres mayores eran más vulnerables. No olvidaba su aventura en Park City y seguía rondando la zona.

En 1988 lo despidieron de ADT Security; la razón oficial que dio la empresa fue que no cumplía con su cuota de trabajo. En informes internos, sus compañeros le describieron como un hombre muy orientado al cliente, pero con quien era muy difícil trabajar. Pronto encontraría una actividad que le facilitaría fisgonear en la vida de otros: visitador de censo. Un golpe en una puerta podía ofrecerle una infinidad de víctimas en la ciudad y sus alrededores.

En 1991 se interesó en Dolores Davis, otra vecina. Tenía 62 años y se había jubilado hacía poco. Vivía sola en Park City, solo un poco más allá de la casa de Rader y de Marine. Como había una casita para el perro, Rader lo llamó su «Proyecto Dogside».

Planeó el ataque para el viernes 18 de enero. Aprovecharía la reunión anual de los Boy Scouts que se celebraría en Harvey County, un sitio apartado, en medio de la nada, pero a media hora por carretera de la casa de Dolores. Ese día llegó al campamento y con la excusa de comprar algunas provisiones que faltaban, tomó la ruta y condujo hasta su objetivo. Estacionó a una distancia prudencial y caminó hasta allí, solo estaba encendida la luz del dormitorio. Metódicamente, cortó la línea telefónica, esperó a que ella apagase la luz y con un ladrillo rompió una puerta de vidrio del patio.

El ruido despertó a Dolores que bajó corriendo para ver qué ocurría... y allí estaba Rader, esperándola con un cuchillo en la mano y una media en la cabeza para no ser reconocido. Como en otras ocasiones, dijo que era un fugitivo que necesitaba un automóvil para huir y algo de comida. Antes de que Dolores pudiera reaccionar, le llevó al dormitorio y le esposó mientras ella insistía en que pronto llegaría alguien. Él no estaba seguro de si era verdad, así que decidió apresurarse; le quitó las esposas, la ató con una cuerda y se quitó la pantimedia.

Entonces Dolores comprendió el horror que le aguardaba y rogó por su vida, pero él no tuvo piedad. Según contaría, tardó tres minutos en morir mientras la sangre le brotaba por la nariz, los oídos y la boca. Sin demora, envolvió el cadáver en una colcha y la arrastró hasta el maletero del coche, pero no sin antes robar algunas joyas, lencería y una cámara. Seguidamente, condujo por Park City una corta distancia en dirección Norte, hasta un lago cercano a la Ruta Nacional I-135, donde dejó el cuerpo y otras pruebas bajo unos árboles.

A continuación, pasó por la Iglesia Luterana y en un galpón exterior escondió los trofeos y su «hit-kit». Tranquilo, manejó de regreso a Park City, para dejar el coche en la casa de Dolores Davis, donde limpió las huellas y caminó hacia su vehículo. Luego regresó al sitio donde había abandonado el cuerpo de Dolores, ya que decidió cambiarlo de lugar. Se deshizo de él bajo un puente, cerca de una granja abandonada al norte del condado de Sedgwick. No tenía más tiempo para deleitarse, debía regresar a Harvey County antes de que se extrañaran por su ausencia.

La noche siguiente se escapó del campamento y regresó al puente para fotografiar el cuerpo. Algunos animales habían

Dolores Davis, 62 años, vivía sola en Park City, solo un poco más allá de la propia casa del asesino, Dennis Lynn Rader. Él irrumpió en su casa y la asesinó brutalmente. Dolores tardó tres minutos en morir mientras la sangre le brotaba por la nariz, los oídos y la boca. Más tarde, Rader se deshizo del cadáver bajo un puente y volvió otra vez para realizar sus escenografías porno-necrófilas. Y otra vez también, la policía se negó a ver lo evidente: que el crimen era obra del mismo asesino en serie, BTK.

empezado a comerlo, especialmente la cara. Llevó con él una de sus máscaras de Halloween para la sesión fotográfica y con un lápiz de labios lo maquilló para darle un aspecto menos tétrico. Luego se entregó a su depravado placer y solo regresó cuando se sintió satisfecho con las fotografías que había tomado.

El cuerpo de Dolores fue encontrado dos semanas más tarde por Nelson Schock, un jovencito que paseaba a su perro. En ese momento, Jeff Davis, hijo de la víctima, afirmó que el asesinato de su madre y el de Marine Hedge eran obra del mismo asesino.

Como en casos anteriores, la policía estaba desorientada. Aunque ahí estaban las pistas: las pantimedias en el cuello, en las muñecas y en los tobillos, la línea telefónica cortada, la muerte por estrangulación, la semejanza con la muerte de Marine, su vecina... Otra vez se negaron a ver lo evidente. Les dieron más importancia a las diferencias y creyeron imposible que BTK fuera el responsable porque le consideraron longevo. Hacía 17 años que había empezado a actuar. Decidieron que no podía ser él.

Una vida rutinaria, pero no tanto

Solo cuatro meses después del asesinato de Dolores Davis, en mayo de 1991, Rader comenzó a trabajar como Inspector de cumplimiento y control de animales para la municipalidad de Park City, tarea ideal para quien los torturaba siendo niño. Aunque no era el oficial de policía que hubiera deseado ser, controlaba que se cumplieran las leyes municipales, además de tener vía libre y legal para espiar a sus vecinos y multarles si el perro se escapaba, o si el pasto estaba muy crecido. Rader se las ingeniaba para encontrar mil asuntos denunciables y acosar a todo el vecindario mientras se paseaba con su uniforme, su radio, y su talonario de denuncias y multas.

Cindy Plant, una mujer rubia, robusta y de rostro suave recordaría esos años para *Reader's Digest*. Le enseñó cómo reconocer y evaluar el comportamiento de los perros, cuándo usar la pistola tranquilizante y cómo lidiar con la tristeza cuando era necesario sacrificarles. Ella viajó con él por todo el Estado organizando seminarios de capacitación. Se hospedaban en hoteles, comían juntos, pasaban horas en el coche... Eso sí, dijo que hablaba poco de sí mismo.

En Park City, Rader se ganó la reputación de ser estricto con las reglas. Algunos vecinos le consideraban eficiente, amigable y cordial, pero otros le veían excesivamente entusiasta, arrogante y mezquino. Hubo varias quejas en su contra, pero ninguna terminó en una acción disciplinaria. Sin embargo, un caso llegó a los tribunales: una mujer impugnó una multa de 25 dólares que Rader le impuso por el control de perros. Y otro dato interesante, el mismo Rader realizó su defensa. Llegó con una carpeta repleta de documentos oficiales, argumentó a su favor y ganó el caso. Otras tres quejas formales fueron hechas en su contra por procedimientos abusivos, pero su supervisor no hizo nada al respecto.

La historia más inquietante, no obstante, es la de Misty King, quien le conoció en 1998, la noche en que llegó del hospital donde su esposo estaba internado por un accidente y él le preguntó si podía ayudarla. Cuando su marido sanó y regresó a casa, Rader continuó preocupado por su bienestar. Luego ella se divorció y Rader se ofreció para vigilar su casa, pero tiempo después, cuando su novio se mudó con ella, el solícito vecino comenzó a hostigarla. La multaba por nimiedades: una vez porque la hierba de la cerca era más alta que la del césped; otra, por «vehículo inoperable», es decir que el coche de su novio estaba estacionado en la entrada. Hubo al menos seis multas de esas características entre 1999 y 2001.

La mujer reclamó y Rader le dijo que si «él» (por el novio) se marchaba, dejaría de molestarla. Se estacionaba impunemente fuera de su casa y la observaba, y ella le descubrió en al menos 20 oportunidades y en un período de seis meses. A veces Misty le sorprendía asomándose a través de la cocina o de la ventana de su habitación y en varias ocasiones llamó a la policía para denunciarle, pero le respondieron que solo estaba haciendo su trabajo.

En el otoño de 2001, la situación se agravó. Rader confiscó al perro de su hija porque supuestamente se había escapado de la casa. Misty encontró una nota de Rader en la que le notificaba el hecho. Cuando fue a buscarlo, le dijeron que ya había sido sacrificado. Como ni sus jefes ni la policía le dieron importancia a estas denuncias, a Misty no le quedó otra opción que mudarse de Park City tras ser acosada durante casi tres años.

Otra historia perturbadora es la de Mary Capps, quien trabajó con él desde 1998 hasta su arresto. Según ella, Rader era un jefe terrible, frío, exigente, degradante, y semanalmente se quejaba con su supervisor, pero era remitida una y otra vez al mismo Rader. Entonces presentó una demanda por discriminación de género. Declaró que un día había quedado atrapada en su oficina y que él le persiguió por la habitación, pero el juez federal desestimó la demanda por una cuestión formal.

Y la existencia transcurría

Durante los años noventa, Rader vivió con aparente tranquilidad sirviendo u hostigando a sus vecinos, según le cuadrara. Sin duda, su trabajo satisfacía sus ansias de dominio y control: al fin llevaba uniforme, una escopeta y era feliz con lo que hacía. Además, estaba cómodo en su vida con Paula, su participación en la iglesia y sus escapadas onanistas a sórdidos hoteles para disfrutar con la ropa y los trofeos de sus víctimas. Nunca cesó de imaginar cómo atacar y torturar a más mujeres, pero tomó conciencia de su edad. El hambre de matar seguía allí, intacta, pero él la controlaba.

Los años pasaban y se producían cambios en la vida familiar. Su hija Kerri se fue a estudiar a la Universidad Estatal de Kansas y en 1996 falleció su padre, William Rader. En 2003 Kerri se casó con un hombre de Michigan y se mudó a esa ciudad. Su hijo Brian se unió a la Marina y se instaló en la costa Este.

En 2001 tuvo su momento de fama: la estación de Wichita KSN-TV le entrevistó sobre un incidente de control de animales. Los Rader seguían muy activos en su iglesia luterana; él era muy valorado, le eligieron miembro del consejo de la iglesia y asumió el cargo de vicepresidente el 1 de enero de 2004. Por los procedimientos de la iglesia, el vicepresidente se convertía en presidente del consejo después de un año automáticamente. Todo iba de maravillas, pero Rader empezó a aburrirse cada vez más.

Capítulo 10

UN ERROR AFORTUNADO

En 2004 BTK era considerado un *cold case*, un «caso frío», sin resolver. Estaba archivado y nadie abrigaba esperanzas de atraparle. Aunque la policía tenía varias descripciones, ninguna había conducido a una detención o a un sospechoso viable. Otros investigadores suponían que BTK estaba muerto. Incluso en Wichita toda una generación crecía sin miedo ni conocimiento del caso.

Sin embargo, Robert Beattie, un abogado de Wichita, había empezado a escribir un libro sobre BTK y la ardua investigación llevada a cabo para capturar al escurridizo asesino. A pesar de que el último homicidio admitido por la policía había ocurrido en 1977, le preocupaba que el caso BTK pareciera olvidado. Él creía que BTK seguía siendo una amenaza. Ante la publicación, los medios empezaron a hablar del tema y en el foro de mensajes de *Crime and Justice* se comenzó a discutir el caso nuevamente. En enero de 2004, al cumplirse 30 años de los asesinatos de la familia Otero, *The Wichita Eagle* publicó un artículo sobre BTK.

El 18 de enero de 2004, tres décadas más tarde del asesinato de la familia Otero, Rader llegó de misa, se dispuso a leer *The Wichita Eagle* como todos los domingos y un titular le obnubiló: «BTK, CASE UNSOLVED, 30 YEARS LATER» ("BTK, caso abierto, 30 años después"). El reportero Hurst Laviana había desempolvado esos viejos crímenes y especulaba que BTK había muerto. Rader comprendió que su historia ya no aterrorizaba a nadie, había pasado al olvido y un abogado entrometido escribía un libro y se atrevía a elaborar teorías sobre él. Llevaba muchos años inactivo, aburrido, sin estímulos. Había encontrado cierta paz, trabajando, rezando en la iglesia, ocupado con su familia, pero esto capturó su atención y algo en su interior se activó.

El 19 de marzo de 2004, Glenda Elliott abrió un sobre que había llegado a la redacción del *The Wichita Eagle*. En la parte superior de una hoja, había una extraña sucesión de números y letras: «GBSOAP7-TNLTRDEITBSFA14» y en la esquina inferior, la firma clásica de BTK. También figuraban tres fotografías polaroid y el carnet de conducir de Vicky Wegerle. La conmocionó ver que en una foto Vicky estaba viva, con los ojos abiertos llenos de terror. La policía no podía haberla tomado, tampoco las otras: los paramédicos habían movido el cuerpo. Solo el asesino podía haberlas hecho. Glenda les mostró las cartas y las fotos a sus colegas Laviana y Tim Rogers. Y fue este último quien advirtió las iniciales BTK en el nombre Bill Thomas Killman que estaba escrito en la misiva. Inmediatamente avisaron a la policía.

Sin dudarlo, el inspector Ken Landwehr se contactó con el perfilador del FBI Bob Morton, quien decidió que la mejor estrategia era tocar el punto más débil de BTK: su ego. Se precisaría una figura policial en la que pudiese centrar su atención e identificarse, el positivo de su lado oscuro, digámoslo así, alguien con quien interactuar en los medios. Landwehr se ofreció. Para evitar que matase, habría que fingir que se sabía más de lo que se conocía en realidad. Landwehr resucitó el espíritu de los Cazafantasmas y habló con la prensa para que le siguieran el juego. El 24 de marzo de 2004, *The Wichita Eagle* publicó este titular: «BTK ha vuelto. Y vive entre nosotros». Las llamadas a la policía de ciudadanos aterrorizados bloquearon las líneas.

Por fin, Billy Wegerle, el esposo de Vicky, podría ser absuelto de toda sospecha si se confirmaba que BTK era el verdadero asesino. Para el teniente Landwehr, la misiva supuso un gran avance. Se abrió una nueva línea de investigación: debajo de las uñas de Vicky había ADN del agresor y ya se había avanzado mucho en este tipo de pruebas. En un nuevo y desesperado intento por atrapar al asesino, la policía tomó muestras de hombres voluntarios que buscaban librarse de sospechas. Se analizaron 1.300 muestras y ninguna resultó positiva. La enorme tarea era costosa y la policía no tenía ni una sola pista. Los investigadores habían llegado a un punto de desesperación y estrés tan grande que incluso quisieron descartar a Laviana, el periodista

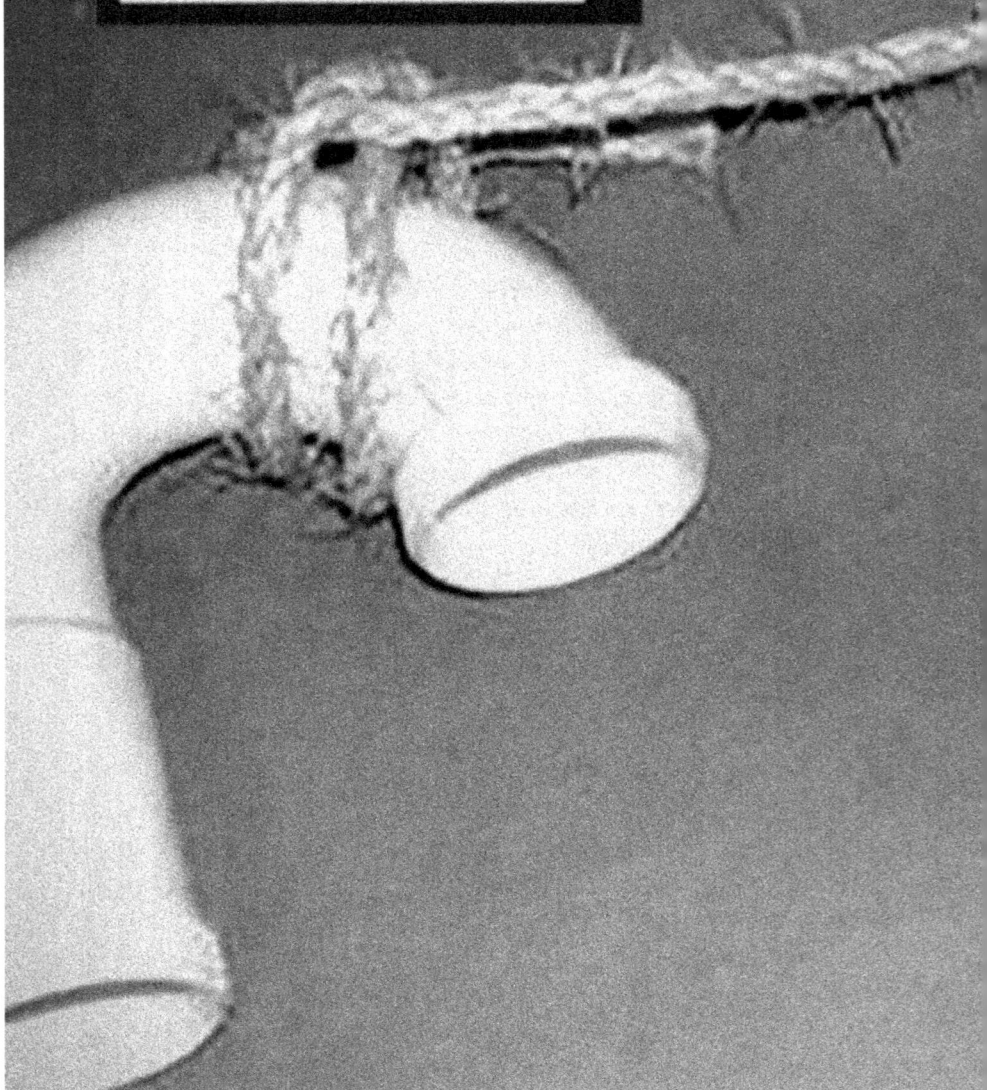

EVIDENCE PHOTO

BTK deja pistas para los investigadores y se burla de ellos. En esta ocasión, la escena de la muñeca atada a un artefacto de fontanería remite al asesinato de la pequeña de la familia Otero.

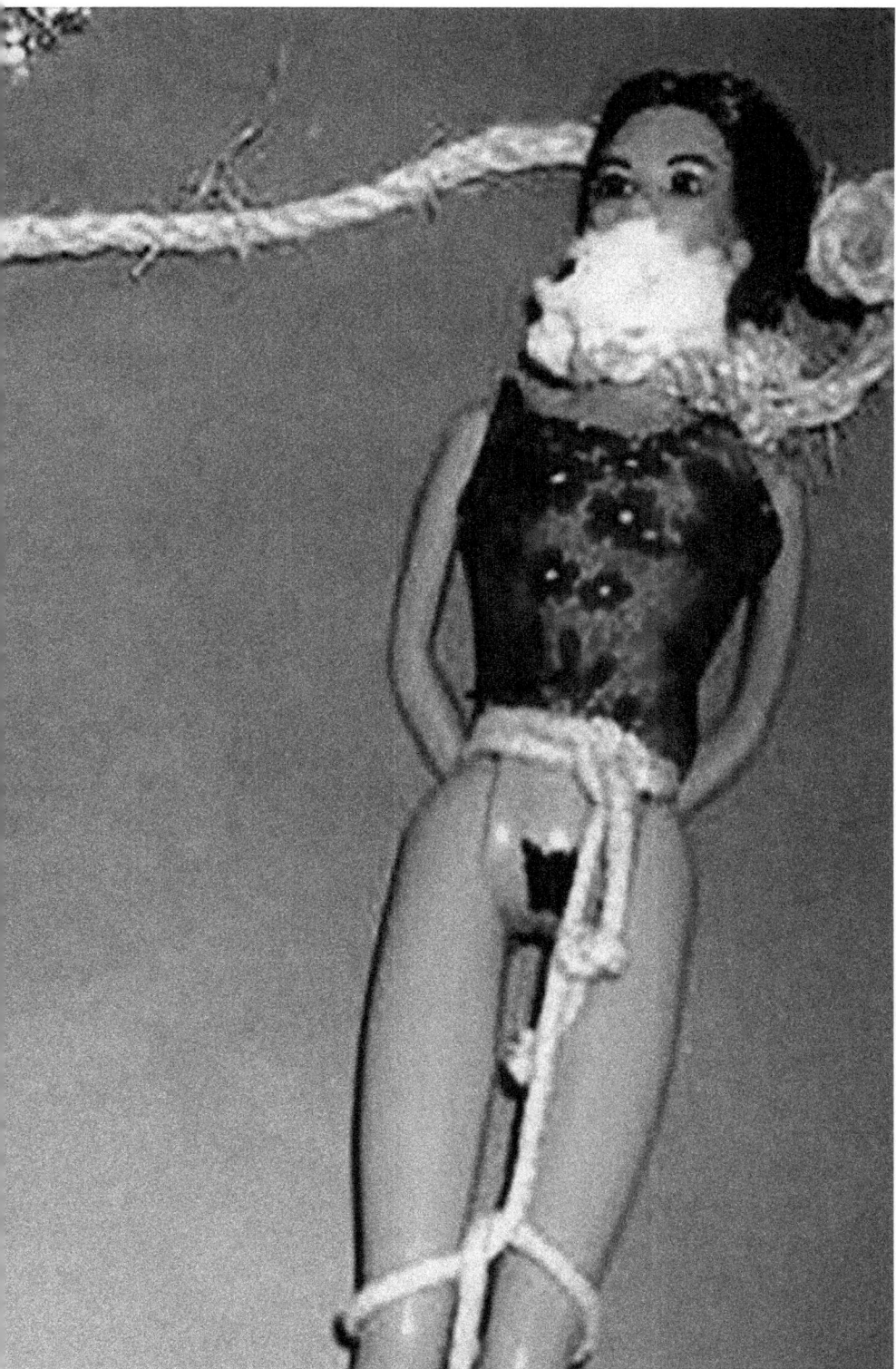

del *Eagle* como sospechoso, se rumoreaba que estaba tan obse-
sionado con el caso que él mismo debía ser el asesino.

Aunque no tenían pistas, algo al menos estaba claro: BTK
estaba vivo, andaba suelto y era un ciudadano de Wichita. Todas
las agencias de noticias de Estados Unidos y del mundo comenzaron entonces a hablar de él. BTK era ahora tema de conversación y especulación en foros de Internet. El 29 de mayo su perfil
apareció en el programa *America's Most Wanted*. Al buscarlo en
Google, se obtenían más de 5.000 resultados. BTK tenía toda la
publicidad que siempre había querido.

Las comunicaciones

BTK estaba envalentonado, se sentía intocable, seguro, audaz,
tan arrogante que empezó a enviar pistas a los medios. La licen-
cia de conducir de Vicky Wegerle inició su serie de comunicacio-
nes escalofriantes —11 en total—, que incluían poemas, dibujos
pornográficos, muñecas atadas de pies y manos con bolsas de
plástico sobre la cabeza, pistas de sus crímenes y capítulos de
una autobiografía. Las imágenes asustaron a todos durante
2004 y comienzos de 2005.

Una segunda carta llegó el 5 de mayo a los estudios de
Kake-TV, la filial de Wichita de ABC, con titulares de diarios de
la historia de BTK, identificaciones falsas y un juego de palabras. El FBI verificó que provenía de BTK, usaba su firma. Pero
no encontraron ningún sentido al rompecabezas armado con
columnas de letras y números.

La tercera comunicación se recibió el 9 de junio. Esta vez fue
un paquete adosado a una señal de «Alto» en la esquina de First
y Kansas, en el centro de la ciudad. Dentro había una inquietante colección de descripciones gráficas de los asesinatos de
los Otero y un boceto titulado *The sexual thrill is my bill* (algo
así como «La emoción sexual es mi motivación») de una mujer
desnuda y atada, colgando de una cuerda. También adjuntó

los capítulos de su libro *The BTK story*, que copiaba la lista de capítulos de lo escrito en 1999 por David Lohr sobre BTK en la *Biblioteca de Crímenes en línea*.

El 17 de julio de 2004 un paquete marcado con su firma, «BTK», fue deslizado por la ranura de devolución de libros de la Biblioteca de Wichita. Contenía un extraño y alarmante mensaje: «He visto a una mujer que creo que vive sola. Solo tengo que resolver los detalles. Soy mucho mayor (no débil) ahora y tengo que acondicionarme con cuidado (...). Creo que el otoño o el invierno sería lo correcto para el HIT. ¡Tengo que hacerlo este año o el próximo! (...) El tiempo se me acaba».

Estas cartas, poemas, fotos, *souvenirs* de sus crímenes y muñecas generaban titulares dramáticos e incontables noticias en la televisión. A pesar de la enorme presión del público, la policía se negó a revelar más detalles, temía provocar en BTK un frenesí asesino. Bajo el título «Después de 25 años», el asesino en serie resurge con el reclamo de la víctima # 8, publicado en el *Washington Post*, el 12 de septiembre de 2004, el periodista Peter Slevin dijo: «(...) El autodenominado «BTK Strangler», por atar, torturar, matar: está jugando de nuevo a su juego del gato y el ratón, casi desafiando a alguien a encontrarle (...). La policía se apresuró a reiniciar la investigación (...). Han hecho circular los poemas del asesino (...) con la esperanza de que alguien reconozca al demente autor (...). "Habrá más. BTK no va a dejarlo pasar", dijo el psicólogo de Wichita, Howard Brodsky. "Le encanta la atención. Definitivamente le gusta burlarse". (...) "¿Por qué quiere toda esta atención ahora? Es como si estuviera diciendo: "Mírame, todavía estoy aquí", dijo Marilyn Wardlow, quien vive a unas pocas millas de Wichita (...). "A este tipo le gustaba, y le gusta, la publicidad, dijo el exjefe LaMunyon. No creo que quiera morir sin que la gente sepa quién es"».

Su quinta comunicación llegó el 22 de octubre: un trabajador de UPS encontró un extraño sobre de papel marrón mientras recogía el correo en el Omni Center de Second and Kansas. Contenía aterradoras imágenes de esclavitud, una era de una mujer atada con una expresión de pánico y un *collage* de fotografías de niños con ataduras dibujadas en el cuerpo y la cara. Además, había una tarjeta con un poema *Muerte a Landwehr*. Este sobre incluía lo que BTK denominó su «autobiografía» y daba algunos datos de su vida: nació en 1939, su padre murió en la guerra, su madre salió con un detective de ferrocarriles, vivió cerca de las vías del tren; trataba de engañar a los investigadores con pistas falsas. La policía divulgó fragmentos esperando que alguien le reconociera. Esto debe haber complacido a Rader.

El Departamento de Policía de Wichita seguía los consejos del FBI: mantener al asesino en comunicación; no ofenderle en público, no excitarle demasiado para que no volviera a matar y continuar hablando con él hasta que cometiera un error.

El 8 de diciembre, Rader llamó por teléfono para alertar a los medios. Marcó el número de Kake-TV y dijo: «Soy BTK». La telefonista se rio y colgó. Enojado, llamó otra vez, con igual resultado. Le ignoraban y se reían cuando debían tener miedo. Entonces, llamó a Quiktrip, un almacén, y les dijo: «Hay un paquete de BTK», mencionó el lugar y colgó; inmediatamente, el gerente llamó a la policía. Landwehr fue a buscarlo, pero no encontró nada.

Sin embargo, la noche del 13 de diciembre, un hombre que caminaba por Murdock Park vio un paquete envuelto en plástico blanco contra un árbol, lo tomó y lo abrió en su casa. Halló el carnet de conducir de Nancy Fox y una muñeca Barbie con una bolsa de plástico sobre su cabeza, las manos amarradas en la espalda y los pies unidos, tal como apareció Nancy. Eso demostraba el siniestro sentido del humor de BTK, quien llamó a la muñeca «PJ», como sus proyectos. El hombre avisó a Kake-TV, que fotografió el contenido y notificó a la policía.

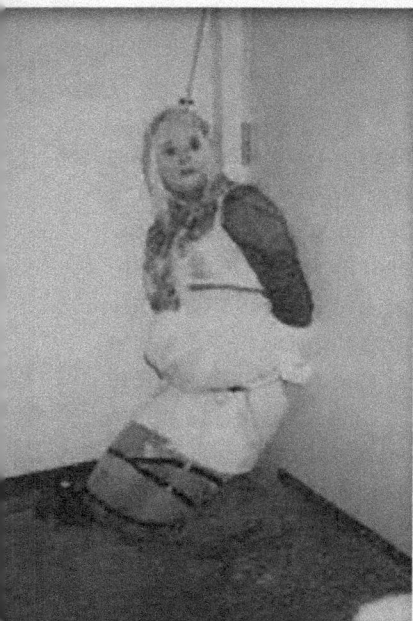

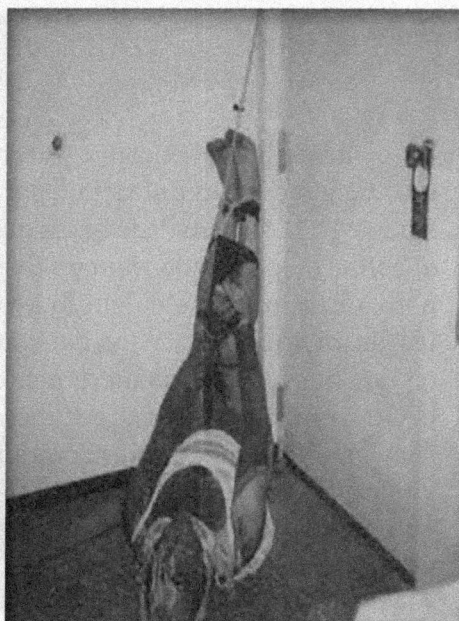

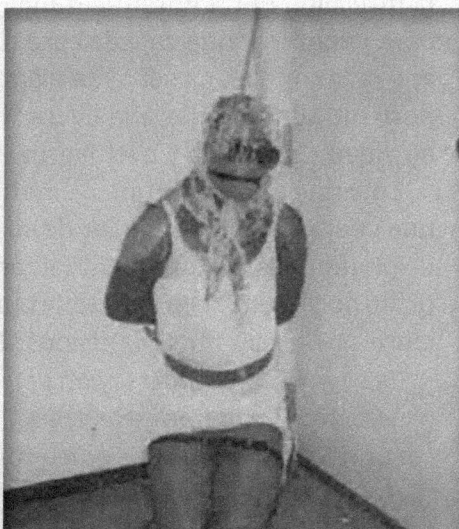

Fotos que Dennis Rader tomó de sí mismo a fines de la década de 1980 en uno de sus encuentros privados consigo mismo en moteles. Allí, vestido de mujer, se ataba y se ponía bolsas de plástico en la cabeza hasta casi la asfixia mientras se masturbaba.

Los investigadores conversaron con la empresa y acordaron no divulgar esa comunicación, para no estimular el instinto asesino de BTK. Dentro de la bolsa, había además algunos escritos, el collar de perlas de Nancy Fox y la descripción de su asesinato. Cuando ella se defendió le clavó las uñas en sus testículos, de modo que BTK narraba: «Sus manos trataron de hundirse en mis huevos [...] eso incrementó mi excitación sexual. Aflojé el cinturón y permití que recuperase el sentido. Luego le hablé suavemente al oído». Tras comunicarle su identidad, la estranguló, quería que ella supiese que no tenía ninguna esperanza. Con notable descaro y soberbia, Rader facilitaba pistas a la policía, para ver si lograban descifrarlas.

Mientras BTK hacía de las suyas, la vida de Rader transcurría amablemente. El 1 de enero de 2005 se convirtió oficialmente en el nuevo presidente del consejo de la iglesia Luterana de Cristo en Wichita. El 25 de enero, Kake-TV recibió una postal: la dirección del remitente era la de los Otero y había una pista para encontrar una caja de cereal de Post Toasties. La hallaron apoyada contra una señal de tráfico en una sección desolada del norte de Seneca, más allá de los límites de Wichita; la grabaron en vídeo sin tocarla y notificaron a la policía.

En esta octava comunicación había otra muñeca Barbie, con una cuerda atada alrededor de su cuello y sujeta a un accesorio de plomería, simulando el ahorcamiento de Josie Otero. Adentro había documentos en los que se burlaba de la policía con descripciones de asesinatos planeados. También había una pregunta: «¿Es seguro comunicarse con ustedes a través de un disquete de ordenador? Sean honestos». Luego pidió a la policía que publicara un anuncio en el periódico con el mensaje «Rex, todo estará bien», si era seguro para él. La policía le respondió que aún no tenían la tecnología para hacerlo, pero que años antes se había creado un departamento informático que podía rastrearlo. Los investigadores publicaron el anuncio y esperaron.

En la postal, BTK mencionaba además otra caja que había dejado en una camioneta estacionada en el Home Depot el 8 de enero. Se rastreó este dato y hallaron su séptima comunicación: un paquete de cereal Special K marcado como «BTK» y «bomba», en la caja de la camioneta. El vehículo pertenecía a un empleado, que vio el paquete al llegar al domicilio y lo tiró en el bote de residuos creyendo que era basura. Cuando la policía llegó a investigar la pista a Home Depot, el empleado se dio cuenta de que la caja era de BTK y pudieron recuperarla. En ella había información sobre algunos de sus «proyectos»; víctimas que había acechado y algunos datos falsos sobre sí mismo, como que vivía en una casa de tres pisos en Wichita con un ascensor que tenía una bomba en el sótano preparada para explotar si la casa era invadida.

Por primera vez, Rader cometió un error: al revisarse la cinta de vigilancia del estacionamiento del 8 de enero, la policía vio por primera vez a BTK. La imagen estaba demasiado lejos y era borrosa, pero, al medir la distancia entre los ejes del vehículo negro que conducía, se determinó que era un Jeep Cherokee, aunque había demasiados Cherokees en Wichita y eso no ayudaba mucho.

El 3 de febrero, envió nuevamente una postal a Kake-TV. El remitente era Happ Kakemann, un personaje de la década de 1950. Decía socarronamente: «Gracias por su rápida respuesta a los números 7 y 8. Gracias al equipo de noticias por sus esfuerzos».

La soberbia de Rader pudo más que su prudencia y para alegría de los investigadores, el 16 de febrero llegó un sobre acolchado a la filial de FOX KSAS-TV en Wichita. El paquete incluía un disquete Memorex púrpura de 1,44 MB, una carta, una fotocopia de la portada de una novela de 1989 sobre un asesino en serie, *Rules of Prey*, y un collar.

Los metadatos recuperados con el software forense EnCase de un documento de Microsoft Word eliminado mostraron que la última modificación había sido realizada por un tal «Dennis» y que en la plantilla de Word se había escrito «Iglesia Luterana de Cristo». Una rápida búsqueda en Internet con las palabras «Iglesia Luterana de Cristo Wichita Dennis» les permitió saber que «Dennis Lynn Rader» era diácono luterano y presidente del consejo. Los investigadores buscaron su dirección y discretamente pasaron por su casa, donde vieron estacionado un Jeep Cherokee como el de la cinta de vigilancia. Las pruebas le apuntaban, pero eran circunstanciales y necesitaban datos irrefutables.

De manera controvertida, obtuvieron una orden judicial para analizar el ADN de una prueba médica que le habían tomado a Kerri Rader, su hija, en la clínica de la Universidad de Kansas mientras estudiaba allí. Los resultados del ADN arrojaron una coincidencia familiar con la muestra de las uñas de Wegerle y del semen hallado en otros crímenes de BTK. Ya no había duda alguna, las piezas encajaban y esta fue la prueba que la policía necesitaba para arrestarle.

El 25 de febrero, Rader salió de la oficina para almorzar en su casa, como siempre. Mientras conducía tranquilamente, fue rodeado por policías. Se rindió sin ofrecer resistencia, fue esposado y llevado hasta una patrulla de policía. «Hola, señor Landwehr», dijo dentro del vehículo.

Junto con la policía de Wichita, llegaron a su domicilio un camión de la unidad de bombas, dos vehículos de SWAT y gente de la oficina fiscal de Kansas, además de agentes del FBI, del KBI, y de la ATF (oficina de armas, tabaco y alcohol). Registraron la casa y su vehículo recolectando muchas pruebas: equipo informático, pantimedias negras, fotos, dibujos y diarios que hallaron en el cobertizo. También fueron registradas la iglesia a la que asistía, su oficina en el ayuntamiento y la biblioteca de Park City. En el archivador de su oficina había copias originales de las cartas de BTK, licencias de conducir de sus víctimas, fotos de las escenas de sus crímenes y *collages* y dibujos, entre otros objetos.

BTK está arrestado

A la mañana siguiente no quedaban dudas. El jefe de la policía de Wichita, Norman Williams, convocó a una conferencia de prensa a la que asistieron familiares de las víctimas: «BTK está arrestado» anunció. Le describió como un empleado municipal de 59 años, casado y con dos hijos, como un vecino normal que dirigía un grupo de Boy Scouts y era un miembro activo de la Iglesia Luterana de Park City, donde residía.

Acto seguido, un detective llamó a Carmen Otero para informarle del arresto. «Me quedé sin palabras», confesó al *Reader's Digest*. «Me sentí aliviada, enojada y triste. Pensé que [el asesino] sería un hombre realmente grande y de aspecto mezquino. Me sorprende que sea un hombre tan activo en su iglesia». Por su parte, Dale Fox, padre de Nancy Fox, dijo: «No puedo pensar. He esperado tanto tiempo para escuchar las palabras "lo tenemos"».

Hubo muchas declaraciones esos días. En 2005 Arlyn Smith manifestó a Deb Gruver del periódico de Kansas que atrapar a BTK fue muy difícil por su aleatoriedad, que «es el enemigo de un investigador». La dificultad no residía en su inteligencia, sino en el hecho de que era impredecible y carecía de un perfil definido. «Es difícil encontrarle sentido a algo así. La tentación es hacer tu propio dibujo de lo que quieres ver», dijo Smith.

Bryan Brimer, el teniente detective a cargo de la investigación del asesinato de Marine Hedge, era capitán en la división de patrulla cuando Dolores Davis fue asesinada. Esa noche era el supervisor de turno y estuvo en la escena del crimen y luego trabajó en la oficina del alguacil del condado de Sedgwick en 1998. Entrevistado por Deb Gruver, le dijo que cuando Rader comenzó a enviar pistas y a soltar paquetes, pensó: «Si sigue haciéndolo, eventualmente va a estropearlo».

Richard LaMunyon, jefe de la Policía de Wichita, admitió al *Times* que siempre pensaron que el asesino era un vecino, «incluso un miembro activo de la comunidad. Pero nunca imaginé que sería alguien tan conocido y con una vida tan pública: líder religioso y de los Boy Scouts». A *La voz de Galicia* le dijo: «Creo que sintió la necesidad de que su historia saliera por fin a la luz».

Aránzazu del Pilar García Antolín en su libro *El contexto histórico tras la oleada de asesinatos en serie de 1974-1994 en Estados Unidos* escribió: «Kenny Landwehr, el jefe de la brigada de homicidios que llevó el caso BTK, concluyó tras los interrogatorios con Rader que solo había sido un "estúpido con suerte" al que le había favorecido que su caso lo llevara un equipo policial poco instruido, como casi todos los de la época, sin los avances de ahora, y en un ambiente en el que había una población confiada que dormía con las puertas abiertas».

La esposa e hijos de Rader estaban en *shock*; no podían creer que ese padre amoroso fuera BTK. La misma sorpresa sentían vecinos y amigos que dijeron a los medios de comunicación que nunca hubieran sospechado que Rader fuera capaz de los delitos que se le imputaban. Mary Capps, su compañera de trabajo, comentó que pensaron que era un idiota, no un asesino en serie. La congregación de la Iglesia Luterana de Cristo, dirigida por el pastor Michael Clark, quedó atónita.

Jeff Davis, el hijo de Dolores Davis, recordó ante Daniel Schornel de CBSNews en septiembre de 2005, el día que apresaron a BTK: «No tenía idea hasta la mañana siguiente cuando se produjo el bombardeo de noticias y el teléfono empezó a sonar. Mostraron su foto y pensé: "Ese es el agente del diablo que mató a diez personas, ¿estás bromeando?"». Tras el juicio, Jeff aseguró que escucharlo en la corte: «Fue difícil de digerir. Está ahí arriba, frente a toda esta gente, admitiendo estos crímenes atroces. Y le daba al juez una lección sobre lo que es un asesino en serie y lo que dice el Código Penal en el Artículo 101. Esa es su arrogancia».

Capítulo 11

30 HORAS DE CONFESIÓN

Al ser detenido, Rader no quería hablar sobre los crímenes, pero cuando le mostraron el disquete y le explicaron que gracias a él le habían rastreado y que tenían
una coincidencia de ADN, le sorprendió que los detectives le
hubieran mentido y empezó a contarlo todo.

La aterradora y asombrosa confesión se extendió por 30 horas.
Estaba eufórico, quería contarles todo lo sucedido, se explayó
libre e interminablemente sobre sus crímenes y translucía su
orgullo por sus «hits». Les dijo que la historia de David Lohr
sobre el caso y el lanzamiento del libro *Nightmare in Wichita*, de
Robert Beattie, le llevaron a reaparecer, quería contar su historia a su manera. Y en el mismo tono dijo, además, sentirse aburrido porque sus hijos habían crecido y tenía más tiempo libre.
Presumió de que sus acciones estaban basadas en dos ídolos de
la gran pantalla: John Wayne y James Bond. Los investigadores le dejaron pavonearse y alimentaron su ego simulando estar
muy impresionados. Siempre había tenido necesidad de sentirse
aceptado, reconocido por la policía y ahora lo había logrado. Les
dio detalles desconocidos sobre todos sus crímenes.

En algunos momentos, explicaba con detalles lo que hizo: confesó su atracción por las hispanas jóvenes y habló de su *modus
operandi*; en otros, divagaba sobre sus ideas y «proyectos». Los
detectives advirtieron que tenía una imaginación prodigiosa y
una memoria fotográfica notable, por lo que su demonio interior podía alimentarse y sobrevivir recreando sus crímenes una
y otra vez sin volver a matar.

Tenía otros «proyectos» previstos. Dijo que ocultaba los objetos personales de sus víctimas —ropa interior, joyas o carnés— en
lo que llamaba «escondrijos», bajo tierra, en su casa o en la iglesia. Explicó todo con detalle ante el interés amable de los detectives, aunque después comprendió que le habían tendido una
trampa: la policía no le admiraba ni era su amiga. En las siguientes entrevistas sus abogados no le dejaron hablar. Extractos de

esa primera confesión se pueden leer en el «Resumen del Estado de la prueba», un documento de 92 páginas.

El 26 de febrero, después del extenso interrogatorio, le tomaron la primera foto policial, donde se lo ve desalineado y ojeroso; había estado despierto y hablando toda la noche. Tras su extensa confesión, la Oficina del Fiscal de Distrito le acusó de diez cargos de asesinato en primer grado; se habían encontrado muchas pruebas incriminatorias para respaldarlos.

En la cárcel del condado de Sedgwick, a Rader le visitaban sus tres abogados designados por el tribunal, su pastor y cualquier otra persona autorizada. Su esposa e hijos se negaron a verle, pero intercambiaron algunas cartas. Para asombro de muchos, los funcionarios de la cárcel le permitieron mezclarse con otros reos durante el día y fue un éxito entre sus compañeros. Charlaba de deportes, religión, crimen y jugaba a las cartas. Encontró algunos amigos epistolares y empezó a escribir poesía. De esos días es *Black Friday*, un poema-oda que describía su arresto y reconocía su monstruo interno: «Mi lado oscuro ha quedado al descubierto». En la cárcel, confesó que estuvo por matar a una undécima víctima, planeaba mutilarla, ahorcarla y quemar su casa para que esa fuera su obra maestra.

Kansas no tenía pena de muerte al momento de los asesinatos (se reinstauró en 1994), por esa razón los investigadores buscaron víctimas posteriores. Del mismo modo, se reabrieron un sinfín de casos sin resolver en ciudades cercanas y estados circundantes con la cooperación del FBI. Incluso se investigó en los lugares en los que estuvo de servicio, pero no se descubrieron pruebas. Las investigaciones no arrojaron ninguna pista concluyente para relacionar a BTK con otros homicidios.

El 28 de febrero 2005, Dennis Lynn Rader fue acusado de diez cargos de asesinato en primer grado y el 1 de marzo se fijó la fianza en 10 millones de dólares y se nombró a un defensor público para que le representara. El psicólogo Robert Mendoza fue contratado

RAIN
HIGH 45, LOW 28
WEATHER, 6B

www.kansas.com

Sunday Eagle
➤ Now you know.

FEBRUARY 27,
FINAL EDITION
$1.50

'BTK IS ARRESTED

Park City man held in 17-year killing spre

Police have booked Dennis Rader, 59, on 10 counts of suspicion of first-degree murder

BY HURST LAVIANA
AND TIM POTTER
The Wichita Eagle

A man suspected of being Wichita's BTK serial killer has been arrested and is now tied to 10 killings dating to 1974, Wichita police said Saturday.

Dennis Rader, 59, has been booked on 10 counts of suspicion of first-degree murder, authorities said. He is expected to be charged this week.

Police said Rader was arrested without incident about 12:15 p.m. Friday during a traffic stop on 61st Street North near Park City. He was booked into the Sedgwick County Jail late Saturday.

"The bottom line: BTK is arrested," Wichita Police Chief Norman Williams said Saturday during a news conference at City Hall.

News that a suspect had been taken into custody 31 years after the first killings brought relief to many.

"I want to thank God for my first day without BTK," said Charlie Otero, who was 15 when his parents and two siblings were strangled by BTK. "I can feel like he might not be coming up on me and waiting in my house."

Rader works for Park City as a compliance supervisor, in charge of animal control and general code enforcement. He is married with two grown children, a leader in his church, a former Boy Scout leader, an Air Force veteran and a

Please see ARREST, Page 10A

SEVEN PAGES OF BTK COVERAGE

Dennis Rader is shown i
booking photo released
night.

Liked
by ma
loathec
by son

BY FRED MANN AND LES ANO
The Wichita Eagle

On a questionnaire he
a 1984 reunion of his eig
class at Riverview School
Rader offered his philoso
"Do it now — Life is co
and short so stay young a
long as possible. It was ac
59."

Life is indeed now com
for Rader, who has been
a suspect in the
BTK serial
killings and
booked on sus-
picion of 10
counts of mur-
der.

And this 59-
year-old Park
City resident is
a complicated
man, according
to people who
are his friends,
neighbors and
former co-work-
ers.

He is arro-
gant, by-the-
numbers, rude
and confrontational, son
He is efficient, nice, frie
regular guy, others said.
During the '70s and '80
worked at ADT Security
Nobody who worked wit
during his 15 years with
ny could stand him, acco
several former co-worke
"I don't believe the pers
was well liked at all," sai
Tavares, a former co-wor
ADT, where Rader work
1974 to 1989, when mos
victims were killed.
Rader was born March
one of four brothers. He
from Heights High Schoo
Wichita in 1963 and fro

🌐 MORE BTK ONLINE

■ Visit Kansas.com to see pictures of
Dennis Rader through the years, as well
as photos of the news conference and
residents' reactions. Click on the link
attached to our report.

■ Visit Kansas.com for the latest infor-
mation on BTK and the arrest, a com-
plete transcript of Saturday's news conference, Eagle coverage of BTK dating
back to 1974, audio and visual files.

El 25 de febrero de 2005, Dennis Rader fue arrestado por la policía cuando se dirigía a su casa. No ofreció resistencia. Al día siguiente, Norman Williams, el jefe de la policía de Wichita, convocó a una conferencia de prensa para anunciarlo. Primera plana del diario Sunday Eagle haciéndose eco de la esperada noticia.

BTK killed, where he left messages. 5A

NEWS STUNS CHURCH:

por los abogados públicos designados para evaluar si podía ser juzgado. Determinó que padecía trastornos de personalidad, que era un narcisista y antisocial, que carecía de empatía y que tenía una obsesión compulsiva por el orden. En su informe sostuvo que Rader poseía una apreciación grandiosa de sí mismo, se creía un ser especial y albergaba una necesidad patológica de atención y admiración. Eso le llevó a la cárcel de por vida.

En el banquillo de los acusados

Rader compareció por primera vez el 19 de abril de 2005, renunció a su derecho a una audiencia preliminar y pospuso la declaración de culpabilidad. La siguiente audiencia fue el 3 de mayo. Ese día permaneció en silencio frente a una sala abarrotada y tensa. Durante la audiencia, la fiscal de distrito de Sedgwick, Nola Foulston, le notificó que se le acusaba por el asesinato de Dolores Davis ocurrido en 1991. Bajo la Ley de Kansas (en vigencia desde 1990), se pedía una pena mínima de 40 años de prisión para cualquier asesinato cruel o atroz. Los otros homicidios ocurrieron cuando la sentencia mínima era de 15 años. Como Rader no respondió luego de la lectura de cargos, el juez Greg Waller se declaró inocente en su nombre y el juicio por las diez inculpaciones de asesinato en primer grado se fijó para el 27 de junio, fecha en que aceptó su culpabilidad.

El juez Waller escuchó pacientemente durante dos días su testimonio. Rader describió los asesinatos y amplió detalles cuando se le interrogaba sobre ciertos aspectos. Ante los millones de espectadores que vieron la cobertura en vivo en las estaciones locales de Kansas, en Court TV a nivel nacional y mundial en Internet, el asesino reveló con calma espeluznante y desde su propia perspectiva, cómo fueron las estrangulaciones, habló de sus *kits* de ataque y de sus «proyectos», de sus artimañas y de otros detalles como si se tratara de algo cotidiano. Nunca se disculpó.

Los días 17 y 18 de agosto se presentaron algunas pruebas públicamente. Los fiscales mostraron una fotografía de Rader con la máscara, atado a una silla con una peluca rubia de mujer y otras fotos que se tomó amarrado y usando un vestido que había robado en la casa de una víctima. Luego, se autorizó a que dieran su testimonio algunos familiares, quienes le llamaron «cobarde» y sollozaron en silencio.

Después se le permitió declarar a Rader, quien farfulló durante 30 minutos de modo vago y difuso, mencionando citas bíblicas, enfocándose en sí mismo y confesando que había sido egoísta. Admitió haber sido deshonesto con su familia y con sus víctimas: «Hay un lado oscuro, pero ahora creo que la luz está comenzando a brillar. Ojalá algún día Dios me acepte». Fue un monólogo retórico que el fiscal comparó con un discurso de aceptación de los Premios de la Academia y otros con un sermón. En forma fría y sin emociones admitió: «Sé que las familias de las víctimas nunca podrán perdonarme. Espero que en algún lugar profundo, eventualmente eso suceda». Terminó con una disculpa a medias y agradeció a los que le habían ayudado recientemente. Su declaración es un buen ejemplo de la conducta de los psicópatas y pone de manifiesto su incapacidad para comprender el contenido emocional del lenguaje y de sus propias acciones.

El relato escalofriante de los asesinatos causó repulsión en la opinión pública, que exigió un fuerte castigo. El 18 de agosto, el juez Waller le condenó a la pena máxima permitida por la ley: un mínimo de 175 años a cadena perpetua y sin libertad condicional hasta 2180. La fiscal, Nola Foulston, solicitó condiciones especiales para la sentencia de Rader: se le debía negar acceso a materiales que pudieran alimentar sus fantasías sexuales, o pudiera usar para dibujar y escribir. Waller dictaminó que Rader se registraría como delincuente sexual y pagaría una indemnización a las víctimas. Después de la confesión, los familiares presentaron demandas contra Rader por daños y perjuicios.

No tenían esperanzas de una compensación monetaria, pero deseaban evitar que se beneficiara de sus crímenes vendiendo los derechos de su historia para libros, televisión o cine.

Dos domingos después del arresto, en la Iglesia Luterana de Cristo, el asiento de Paula Rader en el coro estaba vacío. Se había recluido ante el horror de la noticia y el 26 de julio pidió un divorcio de emergencia alegando angustia física y mental. Al día siguiente, el juez Eric Yost del condado de Sedgwick renunció al período habitual de 60 días y le concedió el divorcio inmediato, aceptando que su salud mental estaba en peligro. Rader no impugnó y renunció a los derechos sobre la casa y las pertenencias de la pareja. Paula podría beneficiarse de dos fondos de pensiones que él había establecido.

Más tarde la casa en Park City fue subastada con una base de 57.000 dólares y un postor benévolo ofreció 90.000, pero la venta fracasó por cuestiones legales. Algunos familiares de las víctimas consideraron que ese precio de venta inflado era «dinero de sangre» por la notoriedad de BTK. Exigieron en la corte que la diferencia, unos 30.000 dólares, les pertenecía a ellos y no a Paula. El comprador se negó a menos que el precio total fuera para Paula y se retiró del trato. En enero de 2007, la ciudad de Park City la compró por menos de 60.000 dólares según *The Wichita Eagle*. Finalmente, fue derribada por la ciudad en marzo de ese año para mejorar el acceso a un pequeño parque cercano.

Hubo otros conflictos producto de la fama. El 22 de julio de 2005 estalló una controversia en el programa de Nancy Grace de CNN por el poema *Black Friday*, entregado a alguien que lo vendió en un sitio de subastas de recuerdos de asesinos en serie. La NBC transmitió asimismo *Confessions of BTK*. Robert Mendoza entrevistó a Rader en la cárcel y a algunos les pareció extraño que Mendoza grabara la entrevista. Se dijo que Rader sabía que era para la televisión, de modo que el 25 de octubre de 2005 el fiscal

El 27 de junio de 2005, Rader aceptó su culpabilidad. Durante dos días, el juez Waller escuchó al asesino describir tranquilamente los crímenes y ampliar con detalles. El juicio tuvo la cobertura en vivo de las estaciones locales de Kansas, además de Court TV a nivel nacional, y mundial en Internet.

pidió demandar a Robert Mendoza y a Tali Waters, copropietarios de Cambridge Forensic Consultants, LLC, por incumplimiento de contrato, alegando que tenían la intención de beneficiarse económicamente con el uso de la información.

Recluso número # 0083707

Dennis Lynn Rader cumple sentencia a cadena perpetua en la prisión estatal El Dorado, Kansas, como Recluso número # 0083707.

Fue ingresado en la unidad de Gestión Especial de la EDCF, conocida como confinamiento solitario, para la propia protección del recluso y actualmente sigue allí. Pasa en su celda 23 horas al día, tiene acceso a la ducha tres veces por semana, goza de una hora de ejercicio voluntario en el patio y para caminar por uno de sus corredores alambrados, pero a menudo renuncia porque le recuerdan a las perreras... Nunca sale de su celda sin esposas. Rader parece adaptado a la rutina carcelaria.

A pesar de su aislamiento, algunos reclusos han tratado de conseguir autógrafos con la esperanza de venderlos. A poco de llegar, intentó pasar de contrabando una carta metiéndola en un sobre dirigido a otra persona. La misiva fue descubierta porque su correo se controla por escáner.

Poco más de mes después, los fiscales y muchos ciudadanos de Kansas se escandalizaron cuando *The Wichita Eagle* publicó una exclusiva sobre las condiciones de vida y las ventajas de las que disfrutaba Rader en prisión, de modo tal que el 12 de octubre se realizó una audiencia. La fiscal Nola Foulston volvió a pedirle al juez Waller que le negara materiales de dibujo y escritura, así como el acceso a los medios de comunicación. Su defensor público, Steve Osburn, argumentó, por su parte, que al preso se le estaban negando los derechos básicos de la primera enmienda. El juez estuvo de acuerdo con las recomendaciones de la fiscal, pero el alcalde determinó que sería tratado como los demás internos de su módulo; su conducta podía llevarle a obtener recompensas o a perder beneficios.

A partir de 2006, se dispuso que Rader podía ver televisión y oír radio, así como leer revistas y gozar de otros privilegios por su buen comportamiento, aunque las familias de las víctimas no estuvieron de acuerdo con esta decisión. Pero no se le permitió asistir al funeral de su madre, Dorothea Rader, el 14 de octubre de 2007.

El pastor Mike Clark le visita regularmente y declaró para www.coursehero.com: «Nada en el seminario me preparó para esto, él necesita un pastor. Y la familia está devastada (...). Algunas personas quieren que me suba al púlpito y condene a Dennis al infierno. Pero esa no es la razón por la que fui llamado al ministerio».

Su familia se niega a visitarle y él no lo entiende, le dijo a su pastor: «No soy más que un buen hombre que ha hecho cosas malas». Su hija Kerri le contestó por carta: «Danos tiempo. Estamos tratando de sobrevivir. Tú nos has mentido, nos has engañado». En una entrevista con el diario *The Wichita Eagle*, Kerri declaró: «Me he sentido fatal por los treinta años de mierda que mi padre le dio a este pueblo y las cosas terribles que les hizo a sus víctimas. Las mujeres andaban con miedo. Mi propia madre andaba con miedo. Pero ya le he perdonado. Y no lo he hecho por él, lo he hecho por mí».

Capítulo 12

RETRATO DE UN ASESINO EN SERIE

En un cuarto despojado y oscuro, Rader se acerca a la graba-dora, mira fijamente pero sin ser intimidante a Katherine Ramsland y le confiesa: «Nunca sé cuándo va a entrar el monstruo, pero tengo claro que está aquí para quedarse».

Katherine Ramsland se preguntaba: ¿Cuál era el *modus operandi* de BTK? ¿Cómo elegía a sus víctimas? ¿Cómo pudo llevar esa doble vida durante décadas? ¿Qué ocurría en su mente depravada? ¿Qué lo excitaba? ¿Cómo controló sus instintos asesinos por años? Le entrevistó, obtuvo respuestas y las volcó en su libro *Confession of a Serial Killer: The Untold Story of Dennis Rader, the BTK Killer*, porque Rader aceptó trabajar con ella en una «autobiografía guiada», para descubrir el «Factor X», ese oscuro impulso que le llevaba a matar.

Durante cinco años, Ramsland se dedicó a psicoanalizar a Rader conversando con él e intercambiando correspondencia. Juntos exploraron sus miedos infantiles y sus perversiones adultas. La doctora confirmó que mataba con suma frialdad, como si fuera una actividad profesional. Llamaba «proyectos» a las víctimas deshumanizándolas, «hits» a los crímenes y su *modus operandi* era siempre el mismo: seguía a la mujer hasta su domicilio y vigilaba sus rutinas, elegía un día para entrar en acción, cortaba el cable del teléfono, entraba en la casa, esperaba pacientemente a que volviera y la mataba. Lo hacía sin remordimientos, mostrando insensibilidad y falta de empatía.

Un perfil atípico

Katherine Ramsland comprendió que estaba ante un caso inaudito entre los asesinos en serie: infancia normal, estudiante promedio, líder de los Boy Scouts, miembro de la Fuerza Aérea, felizmente casado durante 34 años con su amiga de toda la vida y padre de dos niños. Además, tenía una Licenciatura en Administración de Justicia, era presidente del Consejo de su Iglesia Luterana y carecía de antecedentes penales.

Esa impecable fachada escondía al asesino que estranguló a diez personas, y envió burlonas y provocadoras pistas a la policía durante 31 años. «Era una persona completamente normal la mayor parte del tiempo. Pero a veces caía en lo que él llama "la zona oscura" y se convertía en un asesino», señala Ramsland. «El Factor X de sus crímenes es una mezcla de un impulso sexual desviado, afán de notoriedad y personalidad dividida. Este Factor X es algo compulsivo e irreprimible, y de haber tenido más oportunidades, sin duda habría matado a más gente».

Según ella, en su niñez y su primera adolescencia: «Dennis fue desarrollando fantasías relacionadas con el *bondage*, la dominación y la tortura. Las revistas de detectives de los años 50 y 60 y los libros sobre asesinos en serie que tenía su padre alimentaron estas fantasías con escenas de hombres que dominan, maltratan y asesinan mujeres». A su arraigada costumbre de acechar a chicas, en su juventud se sumó una afición a los burdeles, pero como las prostitutas no se dejaban amarrar simulaba ese tipo de relaciones consigo mismo.

Ante la pregunta: ¿cómo un hombre tan religioso podía compaginar su vida familiar con asesinatos tan crueles?, explica: «Dennis tenía muy separadas las dos partes de su vida. Se creó un alter ego asesino, como si fuera un superhéroe o un espía, bautizado como "El Minotauro", que operaba en paralelo a su vida cotidiana». Pero su fachada de padre de familia, feligrés de su iglesia, trabajador eficiente exigía precauciones. «Tenía que ser muy cuidadoso y actuar cuando tenía oportunidades que le permitieran fingir que estaba haciendo algo más». Tal vez por eso sus crímenes eran espaciados, aunque por épocas no mataba, sus pulsiones sádicas estaban ahí, pero se entretenía pensando en todos sus potenciales «proyectos».

Además, quería ser reconocido, algo muy común entre asesinos en serie y por eso, cuando cometía un crimen se encargaba de dejar pistas. Ambicionaba la misma la fama de otros asesinos

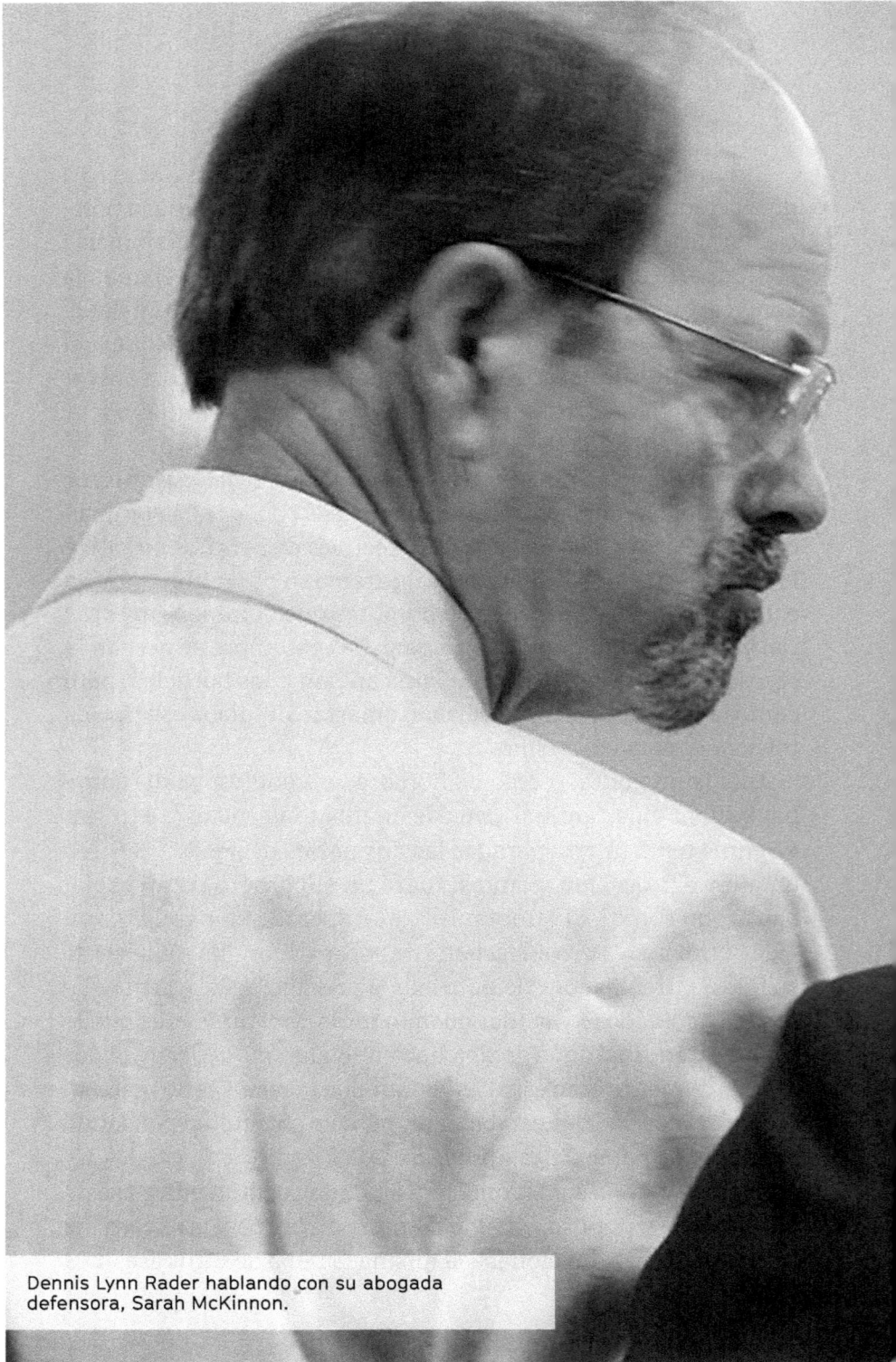
Dennis Lynn Rader hablando con su abogada defensora, Sarah McKinnon.

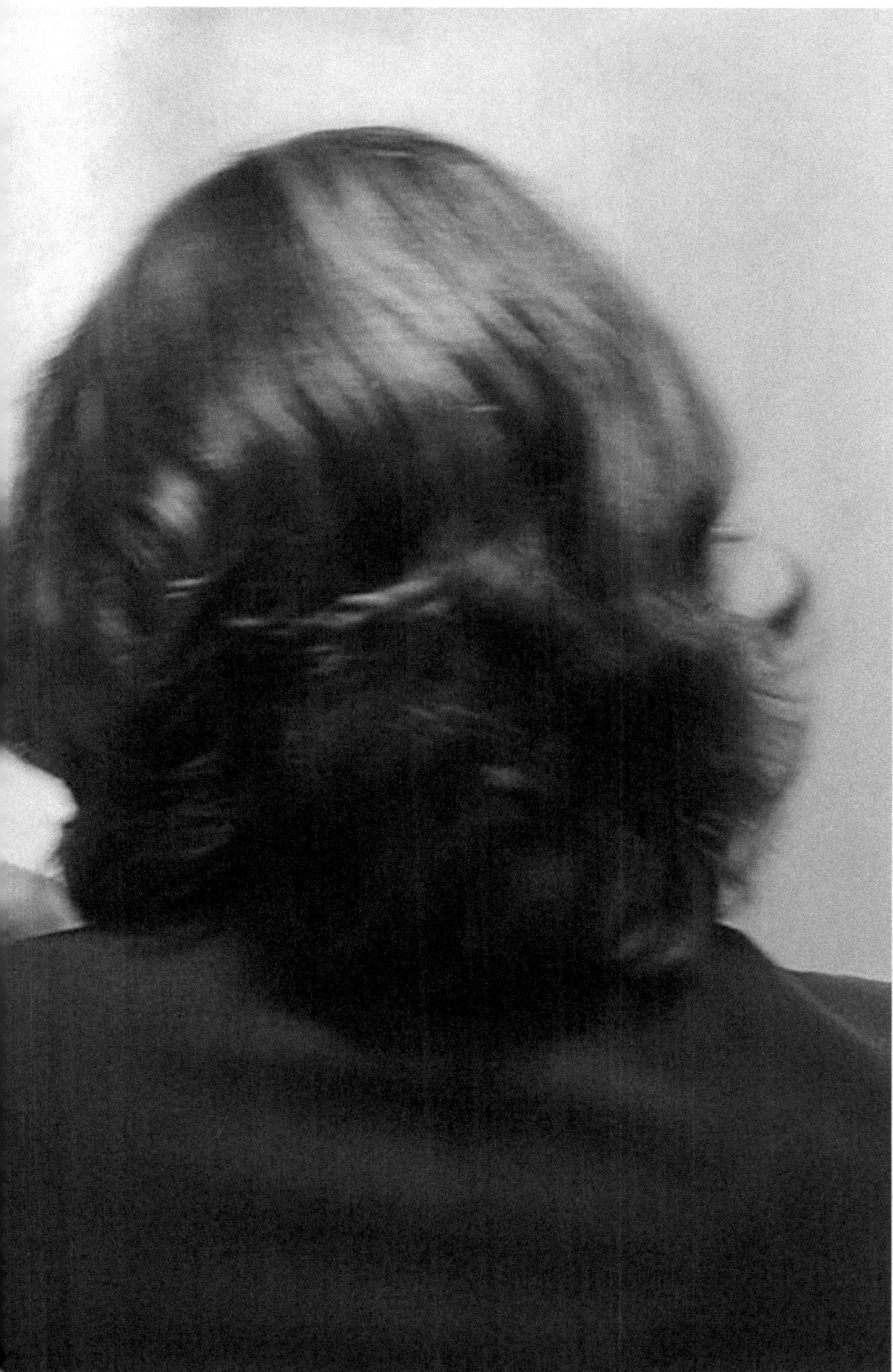

Joseph y Julie Otero, Kathryn Bright, Shirley Vian, Nancy Fox, Vicki Wegerle, Marine Hedge, Dolores Davis. Rader mataba con frialdad profesional, sin remordimiento, con método y coartada.

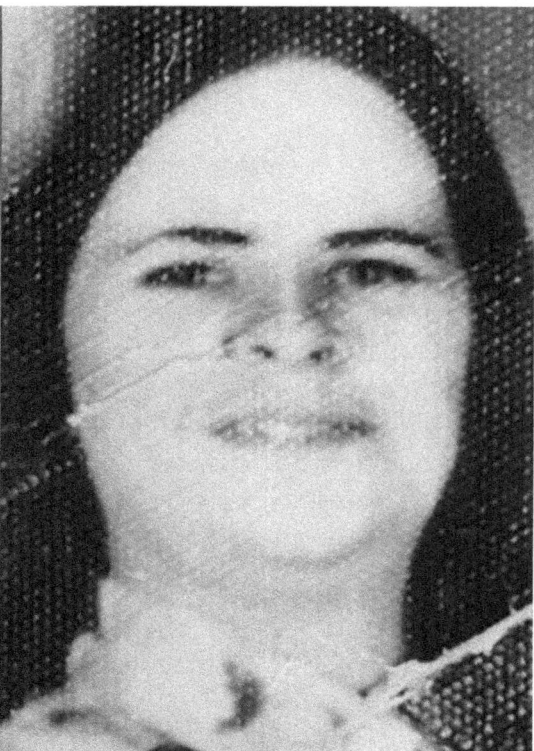

en serie que habían pasado a la historia. Ramsland piensa que su comportamiento exhibicionista responde a «su narcisismo y su egomanía, puesto que la sensación de poder que le daban los crímenes hacía que se creyera invencible».

En palabras de Katherine Ramsland, los períodos de enfriamiento se debían a que, a diferencia de otros asesinos en serie, él tenía compromisos, trabajo y familia. «Tenía que hacerlo con mucho cuidado y cuando tenía oportunidades que le permitieran fingir que estaba haciendo algo más, como investigar en la biblioteca para un curso que estaba tomando, o pasar la noche en un campamento de Boy Scouts. Siempre debía tener una coartada».

Capítulo 13

SER LA HIJA DE BTK

¿Qué sucede cuando un policía llega a tu casa y te dice que tu padre es un asesino en serie? Esa posibilidad nunca cruzó por la mente de Kerri Rawson. Pero el 25 de febrero de 2005, cuando iba a preparar una torta, llamaron a su puerta.

El hombre dijo ser agente del FBI y ella le pidió su identificación. «Mi papá siempre me había dicho... haz que prueben quiénes son, porque pueden fingir ser otra persona». Al entrar, él le preguntó si había oído hablar del «asesino BTK». Respondió que sí; le contó a *People* en 2019 que pensó que iban a comunicarle que había asesinado a su madre. Pero no fue así, el agente le dijo que su padre era el sospechoso y que había sido arrestado.

Estaba en *shock*; primero sintió enojo, le gritó que su padre era inocente y que era imposible que fuera un asesino. Pero después, esa seguridad se fue diluyendo, los recuerdos afloraron, las dudas se incrementaron y las pruebas eran irrefutables: reconoció su voz en un audio que tenía la policía. También recordó que a sus seis años, en 1985, la vecina que la saludaba cuando iba a la iglesia había desaparecido y que todos se alarmaron. Era una noche de tormenta, ella estaba asustada y su madre le permitió dormir en la cama matrimonial porque su padre no estaba. Pocos días después, encontraron el cadáver en una zanja, se habló mucho de eso y ella quedó muy impactada.

Kerri se vio obligada a enfrentar su nueva y destrozada vida. La ciudad de Wichita dormía tranquila, se había acabado la pesadilla. Pero el insomnio y el horror entraron en su existencia. Confesó a *People* en un extenso reportaje: «Solo trataba de mantenerme viva y de respirar. Estaba tratando de recuperarme del *shock*, diciéndome a mí misma que haría cualquier cosa por no ser la hija de un asesino en serie (...). Me tomó más de 10 años poder sentarme con alguien y hablar de esto. Nadie quiere creer que su padre puede ser capaz de cosas tan monstruosas».

Hasta el 25 de febrero de 2005, él había sido para ella un padre normal y amoroso, a veces un poco brusco, pero que la amaba.

Le había construido una casa en el árbol, enseñado a pescar y todo sobre la naturaleza. En las fotos del álbum familiar de la Navidad de 1984, se ve cómo la levanta para que ponga la estrella en el árbol. La cuidaba, la había educado para que desconfiara de los extraños y le enseñó a sostener las llaves entre los dedos por si necesitaba defenderse de un ataque al caminar sola por la noche. «Se estaba esforzando mucho por protegernos, pero nos dimos cuenta de que también estaba tratando de protegernos de alguien como él».

En el reportaje a 20/20 de febrero de 2019, su primera entrevista televisiva, Kerri dijo entre otras cosas: «Si hubiéramos tenido la sospecha de que mi padre había lastimado a alguien (...) habríamos salido gritando por esa puerta a la estación de policía. Vivíamos nuestra vida normal. Parecíamos una familia estadounidense normal porque éramos una familia normal. Y luego todo cambió para nosotros».

En su libro, *La hija de un asesino en serie: mi historia de fe, amor y superación*, publicado en 2019, ella narra su lucha y su viaje personal. Incluyó algunas cartas que intercambió con él antes del juicio, en las que se mencionan temas legales, lecturas de la Biblia y noticias sobre la familia.

Él le contaba con naturalidad su vida diaria en la cárcel y su deseo de que su familia le escribiera y usó la palabra «perdóname» varias veces. «Siempre serás mi niña, a la que crié orgullosa, independiente, y ahora eres una adulta con muchos años de amor para dar», le decía en julio de 2005. En la carta del 22 de septiembre, les pide a su hija y su esposo que «tengan mucho cuidado debido a todos mis crímenes (...). No le deseo ningún daño, pero algún loco podría intentar algo». Y en la carta del 17 de noviembre, Rader le describió una puesta de sol desde su celda: «Tiene una ventana al oeste, mira más allá de casa. Pude observar pájaros a veces y las estaciones cambian (...). Kerri, siempre fuiste así, observabas y apreciabas la naturaleza al máximo. Mucha gente nunca se detiene para disfrutar simples y hermosos tesoros».

Pasado el juicio, ella pasó años sin escribirle, hasta el 8 de agosto de 2007 para decirle que estaba embarazada de una niña. «Fuiste un buen papá la mayor parte del tiempo y nos criaste bien, y no sabemos qué creer: quién eras para nosotros o quién eras para los demás». Luego no volvió a comunicarse con él hasta 2012. Desde esa fecha, le escribe regularmente.

«Tuve que aprender a llorar a un hombre que no estaba muerto, alguien a quien amaba mucho y que nadie más amaba», dijo Kerri en 20/20. «Nunca me relaciono o escribo con BTK. Estoy hablando con mi padre, con el hombre con el que viví y amé durante 26 años… Amo al hombre que conocí». Kerri aseguró: «Fue un viaje muy largo. Había mucho trabajo duro en mí, con fe. Regresé a la iglesia, trabajé en mi relación con Dios, trabajé en mi propio corazón (…). Me di cuenta de que me estaba pudriendo por dentro. No solo perdoné a mi padre por él. Tuve que hacerlo por mí misma». Su fe cristiana la ayudó, pero al decirlo públicamente, recibió críticas y amenazas. «La gente debe entender que cuando perdonas a alguien, no estás diciendo que todo lo que han hecho está bien, porque nada está bien en lo que mi padre les hizo a esas siete familias».

Después de que el programa 20/20 se emitiera, DailyMail. com informó que Rader escribió al sitio web una carta en la que reconocía que tenía una «undécima víctima elegida» que se habría «convertido en mi "víctima de la jubilación" del mundo de SK [asesino en serie]», porque estaba «envejeciendo demasiado y quería retroceder y seguir siendo "BTK"». En la misma carta, según DailyMail.com, agregó que había sido poseído por dos demonios llamados «Batter» y «Factor X» cuando cometió esos terribles crímenes.

Tras la publicación de su libro, Kerri recibió infinidad de mensajes de personas que estaban luchando para liberarse del sufrimiento, el estrés postraumático o un abuso y encontraron consuelo en sus palabras. «Me alegro de poder hacer una pequeña diferencia para mejor en la vida de otras personas», dijo Kerri a 2o/2o.

«Estoy en un período continuo de intentar descansar y conseguir paz y espacio (...). Nuestra familia se ha mudado, abrazando un nuevo comienzo para todos nosotros. Todavía tengo batallas en curso con el trastorno de estrés postraumático, pero tengo la esperanza de seguir recuperándome con tiempo y paz».

PERFIL CRIMINAL

Nacimiento: 9 de marzo de 1945, en Pittsburg, pueblo del condado de Crawford, Kansas (EE. UU.).

Ocupación: soldado de la Fuerza Aérea. Tuvo varios trabajos: Supermercado Leekers IGA, Coleman Co.; Cessna. En 1974 entró en ADT Security Services y en 1988, fue visitador de censo. En 1991 se desempeñó como Inspector de cumplimiento y control de animales en Park City.

Infancia y juventud: mayor de cuatro hermanos, tuvo una infancia normal y entorno familiar estable. Tímido, introvertido y educado, padecía problemas de aprendizaje. Entró en los Boy Scouts, donde aprendió a hacer nudos. De niño torturaba pequeños animales y en su adolescencia surgieron sus fantasías de esclavitud, control y tortura.

Esposa e hijos: se casó con Paula Dietz, de 23 años, amiga desde el bachillerato, el 22 de mayo de 1971. Se fueron a vivir a Park City, suburbio al norte de Wichita. En 1975, nació su primer hijo, Brian y en junio de 1978, Kerri.

Perfil: psicópata, egocéntrico, incapaz de empatía. Su compulsión de matar era permanente, pero sabía controlarla. Solía comunicarse con la prensa y la policía para publicitar sus crímenes, debido a su afán de reconocimiento, celebridad y admiración.

Tipo de víctimas: en general, mujeres solteras o viudas, amables, trabajadoras, con vidas tranquilas, que cuidaran su apariencia, jóvenes y de más edad.

Modus operandi: seguía a la víctima elegida hasta su domicilio y vigilaba sus rutinas; luego planificaba el crimen y preparaba su "hit-kit". Sus marcas: pantimedias de nailon, línea telefónica cortada, estrangulación, semen en la ropa interior de la víctima, robo de pertenencias.

Condena: 175 años a cadena perpetua, sin libertad condicional hasta 2180.

Bibliografía

Beattie, Robert, *Nightmare In Wichita: The Hunt for the BTK Strangler*, New American Library, 2005.

Cervantes, Sergio, *BTK*, https://es.scribd.com/doc/262438250/Btk.

Davis, Jeffrey M. *La sombra del mal: ¿Dónde está Dios en un mundo violento?*, Kendall Hunt Publishing Company, 1996. (Davis es el hijo de la víctima de BTK, Dolores Davis).

Douglas, J. E., y Dodd, J. (2008). *Inside the Mind of BTK: The True Story Behind the Thirty-Year Hunt for the Notorious Wichita Serial Killer*, John Wiley and Sons.

Douglas, John E. *Inside the Mind of BTK: Retrato de un asesino en serie*, Jossey Bass Wiley, 2007.

García Antolín, Aránzazu del Pilar, *El contexto histórico tras la oleada de asesinatos en serie de 1974-1994 en Estados Unidos*, Revista de Criminología, Psicología y Ley. Vol.4. Septiembre 2020 - https://cripsiley.usal.es/wp-content/uploads/sites/46/2020/10/El-contexto-historico-tras-la-oleada-de-asesinatos-en-serie-de-1974-1.pdf.

Garrido Genovés, Vicente, *Perfiles criminales. Un recorrido por el lado oscuro del ser humano*, Barcelona, 2011.

Ramsland, Katherine, *Confession of a Serial Killer: The Untold Story of Dennis Rader, the BTK Killer*, 2018.

Rawson, Kerry, *A Serial Killer's Daughter: My Story of Faith, Love, and Overcoming*, Editorial Thomas Nelson, 2019.

Ressler, R.K., Shachtman, T., *Dentro del monstruo. Un intento de comprender a los asesinos en serie*, Barcelona, 2010.

Singular, Stephen, *Unholy Messenger: The Life and Crimes of the BTK Serial Killer*, Scribner Book Company, 2006.

Enciclopedia de asesinos en serie. Biografía de los asesinos en serie más sangrientos de la historia: https://www.zonalegal.net/uploads/documento/18%20 Enciclopedia%20de%20asesinos%20en serie.pdf.

Sosa Velásquez, Alfredo, *La mente del asesino en serie: etiopatogenia*, http://www.bvs.hn/RHPP/pdf/2010/pdf/Vol4-1-2010-4.pdf.

Torres Delgado, Carolina, *Perfiles Criminales. Un Estudio de la Conducta Criminal de los Asesinos en Serie*, Tesis Doctoral, Universidad de Salamanca, https://gredos.usal.es/bitstream/handle/10366/132823/DPETP_TorresDelgadoC_Perfilescriminales.pdf?sequence=1&isAllowed=y.

Bibliografía

Wenzi, Roy; Poter, Tim; Kelly, L.; Laviana, Hust, *Bind, Torture, Kill, Dentro de la historia de un asesino serial en la puerta de al lado*, reporteros de The Wichita Eagle. http://www.academia.edu/12760312/ Bind_Torture_Kill%3Fauto%3Ddownload&prev=search&pto=aue.

Wenzl, Roy;Potter, Tim; Laviana, Hurst;Kelly, L. López Martín, Francisco, ..., *BTK (Átalas, Torturalas, Mátalas) Treinta y un años de Impunidad para un asesino en serie*, Alba Editorial, Madrid (2011).

TÍTULOS DE LA COLECCIÓN

www.ingramcontent.com/pod-product-compliance
Lightning Source LLC
Chambersburg PA
CBHW060435090426
42733CB00011B/2281